A Revolução Russa de 1917

Coleção Khronos
Dirigida por J. Guinsburg

Equipe de realização – Tradução: Maria P. V. Resende; Revisão: Sinval Freitas Medina; Produção: Ricardo W. Neves e Sergio Kon.

Marc Ferro

A Revolução Russa de 1917

Título do original francês

Le revolution russe de 1917

© 1967, Flammarion, Paris

Dados Internacionais de Catalogação na Publicação (CIP)
(Câmara Brasileira do Livro, SP, Brasil)

Ferro, Marc
    A revolução russa de 1917 / Marc Ferro ;
[tradução Maria P. V. Resende]. — São Paulo :
Perspectiva, 2011. — (Khronos ; 5 / dirigida
por J. Guinsburg)

    Título original: Le revolution russe de 1917.
    Bibliografia.
    3ª reimpr. da 2. ed. de 1988.

    1. Rússia - História - Revolução, 1917-1921
I. Guinsburg, J.. II. Título. III. Série.

04-7796   CDD-947.0841

Índices para catálogo sistemático:
1. Revolução Russa, 1917-1921 : História 947.0841

2ª edição – 3ª reimpressão
[PPD]

Direitos reservados em língua portuguesa à
EDITORA PERSPECTIVA LTDA.

Av. Brigadeiro Luís Antônio, 3025
01401-000 – São Paulo – SP – Brasil
Telefax: (0--11) 3885-8388
www.editoraperspectiva.com.br

2019

SUMÁRIO

CRONOLOGIA 6

PRIMEIRA PARTE: OS FATOS

    I. A Falência do Antigo Regime 15

    II. A Queda do Tzarismo 31

    III. O Novo Regime e as Aspirações da Sociedade Russa 39

    IV. Primeiras Decepções: A Crise de Abril 46

    V. O Fracasso da Coalizão 59

    VI. A Crise do Verão de 1917 68

    VII. A Kerenschina 77

    VIII. Os Bolcheviques Tomam o Poder 84

CONCLUSÃO 97

SEGUNDA PARTE: ELEMENTOS DO DOSSIÊ E ESTADO
DA QUESTÃO

Documentos 100

Julgamento dos Contemporâneos 130

BIBLIOGRAFIA 147

CRONOLOGIA

ACONTECIMENTOS NA RÚSSIA

23 fev.-8 março*	Começo da insurreição de Petrogrado.
27 fev.-12 março	A Duma forma um *Comitê para o restabelecimento da ordem e das relações com as instituições.* Nascimento do *Soviet de Petrogrado.*
1-14 março	Proclamação do *Prikaz I.*
2-15 março	Formação do Governo Provisório. Abdicação de Nicolau II.
3-16 março	Miguel renuncia ao trono dos Romanov.
14-27 março	Apelo do Soviet de Petrogrado aos povos do mundo inteiro.
25 março-7 abril	Primeiras confraternizações.
31 março-12 abril	Chegada à Rússia da Missão Socialita Aliada.
4-17 abril	Volta de Lenine.
18 abril-1 maio	Nota Miliukov. Começo da "crise de abril".
25 abril-8 maio	Apelo do Soviet de Petrogrado por uma conferência internacional socialista em favor da paz, dita *Conferência de Estocolmo.*
5-18 maio	Formação de um Governo de Coalizão com participação socialista.
Começo de maio	Grandes greves.
30 maio-12 junho	Vitória dos socialistas moderados nas eleições municipais.

* A primeira data corresponde ao calendário antigo, que se manteve na Rússia até 1918. A segunda data corresponde ao calendário ocidental, com um adiantamento de treze dias.

FORA DA RÚSSIA

22 nov. 1916	Morte de Francisco José. Carlos I Imperador.
2 dezembro	Nivelle substitui Joffre à frente dos exércitos franceses.
6 dezembro	Lloyd George forma o novo Gabinete Britânico.
4 janeiro 1917	Os alemães alcançam o Sereth, terminando a conquista da Rumânia.
29 janeiro	A Alemanha declara a *guerra submarina sem quartel.*
3 fevereiro	Rompimento das relações diplomáticas entre a Alemanha e os Estados Unidos.
Fevereiro	A Alemanha propõe aliança ao México.
12 março	Retirada estratégica dos alemães na região de Noyon.
15 março	Entrada dos britânicos em Bagdá.
16 março	Queda de Briand. Ministério Ribot.
23 março	Carlos I empreende a *negociação Sixte-Bourdon* com Poincaré.
2 abril	Declaração de guerra dos Estados Unidos à Alemanha.
16 abril	Fracasso da ofensiva francesa do *Chemin des Dames.*
Maio	Motins no exército francês. Pétain substitui Nivelle.
15 maio	Ofensiva italiana sobre o *Carso.*
Fim de maio	Campanha dos socialistas em favor da *Conferência de Estocolmo.*
Começo de junho	Wilson e Ribot recusam passaportes para Estocolmo aos delegados socialistas.

ACONTECIMENTOS NA RÚSSIA

3-16 junho	Abertura do *1º Congresso dos Soviets*.
10-23 junho	Primeiro ato soberano da *Rada* de Kiev.
10-23 junho	Começo do conflito aberto entre os bolcheviques e a direção do Soviet pan-russo.
16-29 junho	Kerenski lança a ordem de ofensiva.
18 junho-1 julho	Sucesso bolchevique na manifestação organizada pelo Soviet.
2-15 julho	Os ministros *cadets* deixam o governo.
2-5-15-18 julho	Jornadas de julho.
5-18 julho	Kerenski, Presidente do Conselho. Medidas repressivas contra os bolcheviques.
5-18 julho	A *Sejm* se declara soberana na Finlândia.
11-14 julho	Os alemães ocupam Tarnopol.
12-25 agosto	Abertura da *Conferência de Estado* de Moscou.
21 ago.-3 set.	Os alemães ocupam Riga.
30 ago.-12 set.	Fracasso do putsch Kornilov. Kerenski Generalíssimo.
8-21 setembro	Trotski eleito *Presidente do Soviet de Petrogrado*.
14-27 setembro	Abertura da *Conferência Democrática*.
25 set.-8 out.	Kerenski forma um novo governo responsável perante a Convenção Democrática.
9-22 out.	O Soviet de Petrogrado funda o *Comitê militar revolucionário de Petrogrado*.

FORA DA RÚSSIA

26 junho	Golpe militar aliado na Grécia. O rei Constantino se retira. Venizelos declara guerra à Alemanha.
Julho	Sérvios, croatas, eslovenos concluem o *Pacto de Corfu,* carta da futura Iugoslávia.
12 julho	Moção de paz do Reichstag. Demissão de Bethman-Holweg.
22 julho	Acusações de Clemenceau contra a passividade do governo com relação aos pacifistas.
Agosto	Greves e tumultos em Turim.
14 agosto	A China declara guerra à Alemanha.
15 agosto	Mensagem de paz do Papa Bento XV.
Fim de agosto	Greve geral revolucionária em Barcelona.
7 setembro	Rompimento da *Union-Sacrée.* Painlevé substitui Ribot.
Outubro	Apogeu da batalha de Flandres. Pesadas perdas inglesas em Passhendaele.
24 outubro	Batalha de Caporetto. Os austríacos fazem 293 000 prisioneiros.
30 outubro	Crise política na Itália. Ministério Orlando.
2 novembro	Declaração Balfour sobre a criação de um lar judeu na Palestina.
17 novembro	Formação do Ministério Clemenceau.

ACONTECIMENTOS NA RÚSSIA

10-23 out.	Lenine convence os bolcheviques a inscrever a insurreição armada na ordem do dia.
18-31 out.	Kamenev e Zinoviev condenam esta decisão.
24-25 out.	
6-7 nov.	Insurreição de Outubro.
25 out.-7 nov.	Abertura do *2º Congresso dos Soviets*. Lenine é eleito *Presidente do Conselho dos Comissários do Povo*.
1-8 nov.	Fuga de Kerenski.
Novembro	Kaledine levanta o Sul do país contra os bolcheviques. Início da guerra civil.
13-26 nov.	Os bolcheviques pedem o armistício.
7-20 dez.	Abertura das negociações de Brest-Litovsk.
5 jan. 1918	Abertura e dissolução da *Assembléia Constituinte*.

FORA DA RÚSSIA

20 novembro	Em Cambrai, primeira utilização maciça dos tanques pelos britânicos.
9 dezembro	Os britânicos entram em Jerusalém.
8 janeiro 1918	*Quatorze pontos* de Wilson.

PRIMEIRA PARTE

OS FATOS

Obrigados a unir-se em torno do Tzar para defender a terra natal, mantidos prisioneiros pelo espaço imenso da planície, os russos ignoraram por longo tempo a revolta contra a ordem estabelecida. Assim, diferentemente dos povos do Ocidente, não transformaram seu destino coletivo impondo ao Estado concessões e reformas: só o Tzar decidia. A sociedade russa desejava afirmar-se, mas era incapaz disso e não conseguia nem mesmo transformar-se. Não lhe restava outra saída senão contemplar o poder, adorando-o ou odiando-o. No início do século XIX, cansados de resignação, um punhado de rebeldes se revoltou: esses Decembristas malograram. Veio em seguida a geração da *intelligentsia*, marcada pela tomada de consciência e pela difusão desta vontade de mudança. Foram necessários vários decênios para que ela vencesse. Em 1905 rebentou uma revolução que foi considerada como o ensaio geral de uma grande sublevação que seria a última: ela teria por meta fundar uma sociedade nova.

CAPÍTULO I

A falência do antigo regime*

Em 1914 ninguém suspeitava que somente Lenine via claro ao afirmar que a guerra fora o mais belo presente de Nicolau II à Revolução. Julgava-se, ao contrário, que a abertura das hostilidades era o dobre de finados do movimento revolucionário. Pois, à exceção de alguns bolcheviques, não tinham chefes e tropas corrido para o inimigo, como todo mundo? Além disso, os revolucionários russos estavam tão divididos entre si desde o revés de 1905 que ninguém mais os acreditava capazes de atingir seu fim.

Entretanto, o povo russo nutria um tal ódio contra seus dirigentes que derrubar o tzarismo era para ele um dever tão sagrado como a defesa da pátria. Foi para a guerra, mas a derrota também o levou a condenar o regime responsável. Esperara demais pelas reformas, pacientemente: assim, derrubado o tzarismo, quis executar de golpe a revolução "social".

---

* Agradecemos às edições Aubier-Montaigne ter-nos autorizado a retomar neste capítulo algumas passagens de nosso livro: *La révolution de 1917*, Paris, 1967, 606 p. (1º v. editado: Les origines d'octobre).

I — Às vésperas da guerra:

Fraqueza do movimento revolucionário, força da autocracia

Durante muito tempo o atraso econômico, o malogro de todas as tentativas de revolução tinham constituído outros tantos obstáculos à transformação da sociedade. Imobilizados em sua condição, os trabalhadores da cidade ou do campo eram animados por uma consciência revolucionária mais viva que nos outros países. Na luta contra o tzarismo dispunham de um exército de reserva não desprezível, os quarenta milhões de alógenos, distribuídos em torno da grande Rússia. A ausência de laços comuns, entretanto, os mantinha divididos, como divididos estavam operários, camponeses e burgueses.

Marcada na carne pelo longo martirológio do campo russo, a classe operária tinha chegado tarde à cidade, onde permanecia como numa terra estrangeira, concentrada nos arrabaldes, vivendo ao ritmo exclusivo das manifestações, das greves, dos longos silêncios de recolhimento. Revigorados pela propaganda dos partidos, os trabalhadores da Rússia viviam à espera da "luta final". Mas à primeira grande derrota, em 1905, seguiram-se outras decepções. O desenvolvimento da indústria trouxe para as cidades um novo afluxo de trabalhadores que, não tendo as mesmas tradições dos antigos, não pretendiam conduzir a luta política à velha maneira. Houve oposição, surgiram querelas: o movimento operário se dividiu. Acresce o fato de que ele se julgava isolado, pois parecia que o Estado tinha conseguido neutralizar as campanhas e conquistas da burguesia.

O campesinato representara por muito tempo o primeiro papel na história do país, constituindo a insegurança dos campos ameaça permanente aos proprietários. As reformas de Alexandre II não tinham eliminado o perigo, mas depois de 1905 Stolypine conseguiu apaziguar uma parte dos camponeses, facilitando-lhes o acesso à propriedade (os *kulaks*) e destruindo assim a solidariedade da classe.

O tzarismo agiu da mesma forma com a burguesia. Estimulando o desenvolvimento da economia e instituindo um regime pseudoconstitucional, domesticou uma parte dela, a que confiou em Alexandre II, esperando que ele respeitaria os termos do "manifesto de outubro de 1906". Mais radicais que estes "outubristas", os *cadets* ou constitucionais-democratas, clamavam sua repugnância por um regime que deixava poucas liberdades à opinião e poucos poderes à Duma. Entretanto, participaram dela apaixonadamente e colaboraram cada vez mais com o regime, com o qual, no fundo, se conformavam, desde que os acontecimentos de 1905 os haviam feito avaliar os excessos a que pode levar uma revolução.

Hostil por vocação ao regime autocrático, a *intelligentsia* estava agora desmantelada. Uma parte aderira ao regime, como Struve ou Tugan-Baranovski, pois que era impossível animar a sociedade quando apenas o Estado se revelava capaz de promover reformas. Os outros se mantinham fiéis a seu ideal revolucionário, sem entretanto permanecerem unidos entre si.

O passado das organizações revolucionárias

Primeiramente tinham-se dividido em "ocidentalistas" e eslavófilos. Uns julgavam que a história do Ocidente prefigurava o futuro da Rússia, podendo-se evitar certos erros que tinham levado ao malogro de 1848. Outros insistiam no caráter original do passado russo, julgando que a Rússia devia encontrar em si mesma os rumos de sua revolução. Assim, na segunda metade do século XIX, os "marxistas" pensavam que a Rússia devia inelutavelmente passar por uma longa fase de desenvolvimento capitalista, e os "populistas", ao contrário, julgavam possível a passagem direta ao socialismo. No movimento *Narodnaja Volja* os objetivos eram semelhantes, a tática oposta.

Estas divergências tinham graves implicações sobre o plano de ação; para os marxistas, o futuro da revolução repousava na classe operária em formação; os populistas contavam com os camponeses, já iniciados no socialismo graças à existência de instituições de caráter coletivo, como o *mir*. Os marxistas deixaram o movimento *Narodnaja Volja* assim que lhes pareceu terem fracassado completamente os métodos especificamente "russos" como o terrorismo, o "movimento em direção ao povo". Daí por diante cada facção iria seguir caminho diferente (1883).

Esta opção fundamental resultara, às vésperas de 1905, na constituição de duas organizações socialistas separadas, o partido "social-democrata", criado por Plekhanov em 1898, e o partido "socialista-revolucionário", fundado um pouco mais tarde. O malogro da revolução de 1905 mostrou tanto a uns como a outros que, entregue a si mesma, a classe operária não podia ser bem sucedida, e que o campesinato não estava ainda maduro para uma ação política de envergadura. A catástrofe fez também aparecer o interesse que o apoio das nacionalidades oprimidas podia oferecer na luta contra o tzarismo.

Desde sua formação estes dois partidos foram presa de polêmicas internas sobre as formas de ação revolucionária, os primeiros objetivos e a organização partidária. Deixando o movimento populista, os social-democratas tinham rompido com os métodos do terrorismo. Mas o que era necessário daí por diante: educar a classe operária e prepará-la para a ação revolucionária (*propaganda*), ou apenas explorar ao máximo o descontentamento dos trabalhadores (*agitação*)? Mal tinham os "políticos", tais como Plekhanov triunfado sobre os "ativistas" e outra pendência provocava uma cisão. Discípulos de Bernstein, os "revisionistas" russos consideravam que, para apressar a formação de uma classe operária poderosa, era preciso previamente ajudar o desenvolvimento do capitalismo na Rússia e apoiar as reivindicações da burguesia. Era inútil, portanto, apelar para a ação ilegal ou para o terrorismo. Estes marxistas "legais" chocavam a sensibilidade revolucionária dos militantes, foram condenados por Plekhanov e Axelrod e deixaram o Partido. O mesmo aconteceu com os "economistas" que, segundo Martynov e Kuskova, julgavam excessivo pedir aos trabalhadores para agir em um outro terreno que não fosse o da reivindicação econômica, devendo a liderança do combate político ser deixada à burguesia. Em sua polêmica com os "economistas", Plekhanov e Axelrod tiveram o apoio de um recém-chegado, Vladimir Ulianov, o futuro Lenine.

Estas incertezas tornavam vã e confusa a ação dos revolucionários. Mais do que nunca, era preciso unificar suas atividades, e para demonstrá-lo Lenine escreveu *Que fazer?,* pequena obra que iria determinar o futuro do movimento operário. Lenine examinava todos os problemas que a organização de um partido revolucionário apresenta. Seria necessário aumentar os efetivos, à maneira alemã, para conquistar uma maioria no país, e em seguida tomar o poder. Ou então, como preconizava Lenine, constituir um partido de "revolucionários profissionais", de efetivo limitado, mas manejável como um exército de campanha, e que o Estado-Maior conduziria à insurreição assim que se reunissem condições de sucesso? Não se pôde estabelecer um acordo entre os partidários de uma organização democrática e os campeões de um partido centralizado. Estes, majoritários em 1903, constituíram-se em formação política separada; foram chamados *bolcheviques* (majoritários). L. Martov e P. Axelrod tornaram-se os líderes da minoria, ou *mencheviques.* Plekhanov julgava, como Martov, que a concepção leninista do partido revolucionário conduziria à ditadura de um só homem sobre o Partido. Mas o velho líder não acreditou que as idéias de Lenine poderiam assumir uma forma durável e se absteve de condená-las abertamente, para melhor preparar a reunificação do Partido sob sua direção. Na época se estava longe de pensar que estas concepções de Lenine traziam em si a divisão dos partidos marxistas em socialistas e comunistas; julgou-se apenas que elas traduziam o desprezo dos dirigentes bolcheviques pela espontaneidade revolucionária dos trabalhadores, mesmo organizados.

Durante a revolução de 1905 as divergências entre bolcheviques e mencheviques não tiveram por objeto apenas a organização do Partido Social-Democrata, mas também seus objetivos e sua tática, e foram-se agravando até 1917.

Na fase em que se encontrava a Rússia, julgava Lenine, em *Deux tactiques,* tratava-se de uma revolução "burguesa", como a Revolução Francesa de 1789. Entretanto, era perigoso confiar seu destino à burguesia, que não teria vontade nem força para destruir o regime feudal e realizar uma verdadeira transformação social. Somente a classe operária, aliada ao campesinato, obrigaria a burguesia a realizar essa revolução. Uma vez derrubado o tzarismo, Lenine recomendava a instituição de um governo provisório, expressão da "ditadura revolucionária e democrática do proletariado e do campesinato". Ditadura "democrática", porque os elementos avançados da burguesia estariam prontos a colaborar com ela. Este regime constituiria uma etapa necessária à instituição de uma república socialista, objetivo acessível somente no dia em que a Rússia atrasada se apoiasse numa Europa mais adiantada, onde a classe operária já teria tomado o poder.

Hostis a uma revolução socialista prematura, "que não seria o feito dos próprios trabalhadores, mas daqueles que os dirigiam", Plekhanov e os mencheviques tiravam uma conclusão inversa da experiência de 1905: ela confirmava sua opinião de que não se podia contar com o apoio do campesinato e demonstrava que a burguesia, por medo das agitações, pendia para o lado da reação assim que as violências agitavam as cidades e os campos. Estando provado que qualquer revolução é irrealizável nestas condições, era necessário em primeiro lugar ajudar a burguesia a derrubar o tzarismo e, por isso, cumpria não "assustá-la". Posteriormente, se deveria preparar o caminho para uma revolução socialista e prevenir toda tentativa da burguesia de praticar uma política antioperária; para isso os mencheviques recomendavam a instituição de Soviets, agentes da derrubada do tzarismo durante a fase "burguesa" da revolução, depois fortalezas do proletariado em país burguês, durante o período de preparação da passagem para o socialismo.

Os bolcheviques não tinham posição definida sobre o problema da criação dos Soviets, pois o papel de guiar a classe operária era reservado ao Partido; tinham-na entretanto sobre sua função e julgavam que os Soviets não deviam apenas organizar o proletariado ou protegê-lo contra a burguesia: deviam também constituir os "embriões da ditadura revolucionária democrática do proletariado".

Durante o período de reação que se seguiu à tentativa fracassada de 1905, já divididos quanto ao papel que deviam desempenhar respectivamente, o campesinato e a classe operária na próxima revolução, os chefes das organizações se desentendiam também sobre o próprio futuro de seu movimento, sobre a eventualidade de uma passagem à ação política legal, sobre sua entrada na Duma, sobre o lugar que o movimento cooperativo e os grupos alógenos podiam ocupar na luta contra o regime autocrático.

Desse momento em diante Lenine, isolado, proclamando que nada mais tinha em comum com os outros sociais-democratas, declarava sua hostilidade a toda reunificação do Partido e apresentava os *bolcheviques* como os únicos campeões da ação a qualquer preço, o que não deixava de atrair a simpatia dos jovens e dos impacientes.

Apesar dos esforços de V. Cernov, os *socialistas--revolucionários* estavam divididos por dissensões semelhantes. Os nostálgicos da ação direta não podiam decidir-se a abandonar o terrorismo; como preconizavam a aplicação imediata de todos os pontos do programa S. R. desde a tomada do poder, foram chamados *"maximalistas"*. Ao contrário, os que se tinham apresentado às eleições para a Duma, apesar das instruções, deixaram o Partido e constituíram o grupo *"trudovique"* (trabalhista), chefiado por Kerenski. Os amigos de Pesehonov também abandonaram o velho grande Partido em 1906; julgavam que não mais se devia recomendar a socialização das terras, mas a instituição de uma democracia rural, desde que as reformas de Stolypine tinham feito surgir uma classe de pequenos proprietários de terra (partido *socialista-populista*). Apesar de pouco numerosos, os próprios *anarquistas* estavam cindidos em grupos rivais, que interpretavam diferentemente os ensinamentos de Bakunine ou de Kropotkine. Eram unânimes apenas para condenar os partidos políticos que, sob a aparência de defender os trabalhadores, agiam e decidiam em seu nome; eles militavam no interior dos sindicatos ou das cooperativas.

Vítimas da repressão, os sindicatos não haviam podido desenvolver-se livremente na Rússia. Além disso, contrariamente ao que acontecera no Ocidente, as organizações socialistas haviam nascido geralmente antes deles. Os líderes dos partidos políticos facilmente julgaram suspeita a ação dos sindicatos; do mesmo modo que a do movimento cooperativo, muito desenvolvido na Rússia, esta ação, a seu ver, aniquilava o *élan* revolucionário das massas.

Os partidos preferiram colaborar com as organizações políticas dos povos alógenos, mesmo se seus objetivos remotos divergissem dos objetivos dos socialistas. Os mencheviques se aproximaram do Bund* e dos georgianos, os S.R. do movimento ucraniano; os bolcheviques dos países alógenos permaneciam hostis ao movimento nacional, que "divide o proletariado em vez de uni-lo". Somente Lenine e Stálin se fizeram advogados do direito dos povos à "autodeterminação".

Os socialistas russos e a guerra

A guerra mundial provocou novas divisões no interior do campo revolucionário. Plekhanov, Kropotkine e muitos outros julgaram que os russos tinham o dever de defender seu país, mesmo ao preço de uma aproximação provisória com o tzarismo, pois a vitória do imperialismo alemão seria o dobre de finados do movimento socialista internacional. Ao lado destes "social-patriotas", os "defensistas", tais como o menchevique Ckeidze ou o trabalhista Kerenski, queriam repelir a invasão estrangeira, mas ao mesmo tempo recusavam cessar a luta contra o tzarismo. Os internacionalistas, ao contrário, condenavam o princípio da guerra de defesa nacional, julgando todos os governos igualmente responsáveis pelo desencadeamento

---

* Organização socialista judaica favorável à integração dos judeus na pátria republicana russa. O Poale-Zion, ou movimento sionista, ao contrário, preconizava a instalação de um lar judeu na Palestina.

das hostilidades, e preconizavam sua transformação em guerra civil. Este grupo compreendia mencheviques como Martov e Trotski, S. R. como Natanson e Cernov, bolcheviques, anarquistas. Em Zimmerwald, em setembro de 1915, o grupo lançou uma proclamação contra a guerra, a qual foi subscrita por revolucionários de todos os países. (Cf. documento nº 1.) Os mais extremistas dentre eles aderiram às idéias de Lenine, que pugnava pela derrota da Rússia, preferível à vitória do tzarismo, devendo cada revolucionário agir do mesmo modo em seu próprio país. Mas este "derrotismo" (porazentsvo) angariou poucos adeptos.

Jamais o movimento revolucionário havia atingido uma tal fragmentação, perigo evidente de impotência. Lançados fora da Rússia como parasitas, tinham seus dirigentes sem tropas perdido a partida? Era o que se podia acreditar, tanto mais que o progresso da economia e os primeiros sucessos do exército de Nicolau pareciam abrir ao povo russo possibilidades infinitas.

II — Da guerra à revolução

A derrota

Acreditara-se que a guerra seria curta, mas no começo de 1915 ficou patente que nada permitia prever seu próximo fim: ora, a Rússia não dispunha de meios para fazer face a uma guerra longa; não tendo constituído um corpo suficiente de oficiais de reserva, o exército não mais podia substituir seus quadros, dizimados durante o verão de 1914. Sobretudo, a inferioridade dos russos em artilharia mostrou-se catastrófica, pois as fábricas podiam satisfazer apenas um terço das necessidades. Assim paralisado, o Estado-Maior teve que improvisar uma tática. Procurou evitar os grandes comprometimentos, mas a ofensiva conjunta de Hindenburg, Hötzendorf e Enver Pacha colocou o exército russo rapidamente em situação dramática. Rompido o *front* de um lado a outro, ele conseguiu evitar o aniquilamento, mas sofreu um desastre sem precedentes durante o inverno 1915-1916, evacuando a Polônia, a Lituânia, a Galícia e perdendo metade de seus efetivos.

A responsabilidade desta catástrofe é lançada sobre a retaguarda, isto é, sobre o governo, as instituições, o regime.

Nicolau II e Goremykine contavam com a ajuda aliada e com a conversão da economia russa: a primeira chegou pouco ou mal, devido à guerra submarina e ao fechamento dos Dardanelos; quanto à indústria, se conseguiu satisfazer a uma boa parte das necessidades do exército em 1916, foi em detrimento das necessidades da retaguarda. Desde então o sistema econômico se decompôs.

Não podendo abastecer-se com produtos industrais, os camponeses diminuíram o fornecimento às cidades: para que rublos inúteis? Logo, nas grandes cidades, os preços agrícolas subiram tão depressa quanto os preços industriais. Chegaram a tal altura que em 1917 tinham atingido três a cinco vezes seu montante em 1914; os salários não os acompanharam e o número de grevistas cresceu de maneira também fulminante: em 1916 ultrapassou um milhão.

A alta dos preços, a penúria, as filas de espera: o sistema econômico emperrara, na produção, na distribuição, no consumo. O tzarismo iria reagir?

As reações de Nicolau II

Desde a declaração de guerra, Nicolau II confiara ao comandante militar poderes exorbitantes nas zonas de guerra. Com o recuo de 1915 elas incluíram o próprio coração da Rússia, com a capital, S. Petersburgo, rebatizada Petrogrado. Esta medida não foi tomada sem conflitos e dificuldades: o exército censurava a administração por imprevidência, esta acusava os militares de criarem o caos. Sobretudo, não se sabia mais quais eram as autoridades responsáveis, formou-se uma espécie de vazio no governo do país.

Ao esvaziamento do governo veio juntar-se o esvaziamento do próprio Tzar. Tendo substituído o

Grão-Duque Nicolau no comando dos exércitos, Nicolau II levava uma nova vida, que parecia convir-lhe. Não o importunavam com as dificuldades da retaguarda, pois conheciam sua aversão pelos negócios públicos. Isolado em seu gênero de vida especial, em algum lugar para as bandas de Mohilev, Nicolau II vivia com o Estado-Maior e, para os negócios internos, valia-se de Alexandra, sua esposa, que tinha o gosto da política e demonstrava muitas vezes mais firmeza que o marido. Mas a Imperatriz era impopular: de origem alemã, altiva, devota, não gozava da confiança dos russos, que injustamente a supunham germanófila. Censuravam-lhe, sobretudo, viver no meio de uma camarilha, onde reinava Rasputin, um "santo" devasso que imitava os místicos. Mais ou menos curandeiro, obtivera o reconhecimento de Alexandra e seu esposo, salvando a vida do filho de ambos, Alexis. Em Carskoe-Selo, adulando o gosto da corte pelo ocultismo, revelava também às almas piedosas o caminho da salvação, particularmente às mulheres; os maridos, aliás, achavam vantagem nisso, pois Rasputin acompanhava muito de perto a promoção deles. Em poucos anos o governo se povoou de suas "criaturas": em 1916, o Presidente do Conselho, Sturmer, e o Ministro do Interior, Protopopov, figuravam entre os adeptos de suas sessões de mesa branca: estava-se em plena "rasputin'sca".

De maneiras simples, muito amoroso, devoto e pai de família solícito, o Imperador dava a impressão de ser um bom "soberano". Na verdade, o Tzar-autocrata era sobretudo um rei preguiçoso que bocejava no Conselho, que qualquer conversação um tanto espiritual fatigava. Longe de ser o soberano inconstante que seus panegiristas quiseram descrever, Nicolau II não perdia de vista a defesa de suas prerrogativas; o pai e Pobedonocev lhe haviam ensinado que ele era Tzar-autocrata, que Deus assim o quisera, que toda concessão ao espírito do tempo era um sacrilégio. Envergonhado por ter sido obrigado a instituir uma Duma, depois de 1905, Nicolau II não experimentava o menor remorso por ter mandado atirar sobre o povo, pelo contrário, guardava-lhe rancor por se ter revoltado contra Sua Majestade e se perguntava se lhe concederia perdão.

Diante de tal incúria, a sociedade reagiu; ela queria salvaguardar seu patrimônio e salvar o país. Constituíram-se assim "associações" particulares, mas de interesse público, que procuraram obter do Tzar ou de altas personalidades a garantia que lhes permitiria agir sem entraves. O "Comitê da Cruz Vermelha" deu o exemplo: organização modesta no início, assumiu pouco a pouco a administração sanitária do país. Os *zemstva* por sua vez se interpuseram, dando às associações nascentes o apoio de sua própria organização, e, incentivados pelo príncipe *L'vov*, sua atividade ultrapassou rapidamente os limites primitivos e adquiriu a simpatia da opinião.

Graças a estes esforços o exército foi mais bem abastecido em 1916 que em 1915, a ponto de Brassilov poder lançar uma ofensiva vitoriosa na Galícia; entretanto, teve que interromper seu avanço, uma vez mais por falta de material.

A retaguarda não chegou nem mesmo a conhecer este reerguimento provisório de que o *front* se beneficiou durante algumas semanas. Por isso estes êxitos militares não tiveram conseqüência sobre a opinião. O cansaço não se exprimia ainda por uma revolta contra o regime, mas por uma indiferença crônica diante das mais brilhantes vitórias. A hostilidade à autocracia era tão viva que até seus êxitos se tornavam insuportáveis.

As iniciativas da burguesia atestavam sua vitalidade, mas o governo as olhava com desconfiança; pouco a pouco a administração, impotente para frear o movimento, se via despojada de suas funções; por uma reação de autodefesa, todas as profissões se organizavam: depois dos industriais, os médicos, os estatísticos, e assim por diante. Sem o saber, os russos começavam a governar-se: o exército de um lado, os produtores, os consumidores... A revolução não estava ainda nos espíritos; nos fatos, começava a manifestar-se.

O despertar da oposição legal

Em 1914, nada deixava prever que a Duma desempenharia um papel decisivo na queda do regime.

"Mal eleita", esta quarta Duma não se achava aureolada por nenhum prestígio; e perdeu o pouco de autoridade que poderia ter não protestando nem mesmo contra a utilização abusiva do artigo 87 que permitia ao governo retirar-lhe o direito de vigilância dos negócios públicos. Usando o pouco de energia que lhe restava para ridicularizar a Duma, o governo, entretanto, não podia impedir seu presidente, Rodzjanko, de usar a última prerrogativa que lhe sobrara: pedir audiência ao Tzar. Consciente de sua importância, e inclinado a exagerá-la, este não se privava de utilizar seu "direito", o que tinha o dom de irritar Nicolau II, constantemente chamado a seus deveres de soberano. A Duma procurou também agir sobre o governo; tendo entrado desordenadamente em "comitês" e "associações" criados a partir de 1914, seus membros pediram ao Primeiro Ministro as autorizações necessárias: seria um pretexto para colaborar? Goremykine dificilmente aceitava esta interferência nos negócios do Estado, e o fez compreender ao "comitê para auxílio às vítimas da guerra": a situação nada tinha de dramática, o pessimismo do "comitê" prejudicava o moral da nação. O que estaria certo, se Sukomlinov e N. Maklakov não julgassem seu zelo intempestivo: "ou o governo nos está escondendo a verdade, e nesse caso nos está enganando; ou está cego, e isso é o sinal de sua incapacidade", comentou Miliukov.

A partir desse momento, rompeu-se a trégua concluída em 1914; a maioria dos deputados constituiu o "bloco progressista", ao qual se uniram alguns membros do "Conselho do Império" e até ministros. Os objetivos do "bloco" continuavam moderados, pois que ele não ousava reclamar um ministério responsável perante a Duma, mas somente um "governo de confiança"; com isso, tinha em mira os ministros dos quais o próprio Goremykine desejava desembaraçar-se. (Cf. documento nº 2.) Ativo e vigilante desde que se tratasse de defender as prerrogativas da autocracia, o Primeiro Ministro desaprovou a atitude do "bloco" e julgou mesmo que ele se constituíra "ilegalmente". Então, o "bloco" iniciou uma campanha contra o governo, os ministros simpatizantes tiveram que demitir-se e Goremykine ficou o único senhor da situação. Em seguida, encerrou a sessão da Duma.

Como se quisessem provocar a assembléia, Alexandra e Nicolau escolheram como substituto de Goremykine, considerado daí em diante inutilizável, uma das "criaturas" de Rasputin, o governador Sturmer, um antigo membro da *okhrana,* que se gabava de ser um reacionário. A opinião liberal lançou mão de todos os meios, condenando a incapacidade dos dirigentes, reclamando doravante um governo "responsável". Cada vez mais curtas, as sessões da Duma traziam como que uma lufada de ar fresco.

Os cortesãos acusavam Rasputin: seguindo a tradição da corte russa, urdiu-se um complô e o favorito caiu sob os golpes dos assassinos. A execução foi saudada como um primeiro passo para a regeneração da Rússia; na Duma, acreditava-se tacitamente que, antes, a nação sofreria a vingança dos Romanov. Efetivamente, a repressão se precipitou com uma violência redobrada. A oposição julgou então que era preciso atingir a cabeça, substituir Nicolau II, instaurar uma monarquia parlamentar, com o príncipe L'vov ou Miliukov como Primeiro Ministro. No centro do complô encontravam-se diversas personalidades que não costumavam agir de acordo, industriais como Konovalov ou Terescenko, este muito ligado à embaixada da Grã-Bretanha; parlamentares, como Guckov, Kerenski, Nekrassov; militares, como Brussilov e Alexiev. Todos julgavam inevitável um rompimento com o Tzar e sua camarilha: a partir desse momento, eles tinham escolhido seu campo.

Falava-se de uma "revolução de palácio". Quanto à possibilidade de um levante popular, todos se pronunciavam contra, com medo de ver o movimento das massas descambar para as correntes de extrema esquerda e criar dificuldades na condução da guerra.

Vários complôs se entabularam, mas hesitava-se em pôr os Grão-Duques a par do segredo e usava-se de rodeios na escolha dos meios. Não havia pressa, pois ninguém imaginava que a oposição ilegal pudesse ressuscitar ou que a nação se sublevasse espontaneamente.

A oposição ilegal ressuscita

As greves tinham recomeçado com uma amplitude extraordinária: a penúria, a diminuição do poder de compra, a repressão suscitavam um descontentamento cada vez mais profundo; o povo estava cansado da guerra, mas os trabalhadores hesitavam em manifestar seus sentimentos pacifistas: isso chocava o patriotismo e tornava sua ação suspeita à Duma. Entretanto, as greves obedeciam a motivos tanto políticos quanto econômicos, por uma espécie de volta à tradição revolucionária de antes da guerra. O sincronismo do movimento atestava a existência de um Estado-Maior; estavam assim ligados de novo os fios entre as organizações clandestinas da Rússia e sua direção no estrangeiro. Como prova inversa, as dissensões do movimento socialista repercutiam até na Rússia.

Os conflitos entre tendências dilaceravam o movimento operário, unânime, todavia, no ódio ao regime. Rebentava uma greve? Se procedia dos meios bolcheviques, estava votada ao insucesso, porque os socialistas patriotas condenavam este movimento que, ajudando a vitória do imperialismo alemão, arruinava as oportunidades da democracia e do socialismo, enquanto que os outros Zimmerwaldianos julgavam a iniciativa "anárquica" e recomendavam que não se associassem a ela. Além disso, como os bolcheviques hauriam suas forças nas grandes fábricas, povoadas de recém-chegados sem tradição operária, seus rivais faziam crer em todas as ocasiões que eles eram o joguete de uma provocação. A manifestação partia, ao contrário, dos meios "defensistas" e respondia a um apelo da Duma? Desta vez, nem os bolcheviques, nem os outros "internacionalistas" seguiam o cortejo, pois a Duma, burguesa e imperialista que, ao primeira alerta, se atiraria nos braços do Tzar bem-amado, só lhes inspirava suspeitas. Se a iniciativa pertencesse aos amigos de Martov, de Cernov, ou de Trotski, nem os bolcheviques, nem o "grupo operário" participavam do movi-

---

* Assim, foram poucos os socialistas que apoiaram as teses de Lenine, defendidas no "O imperialismo, último grau do capitalismo" (1916), de acordo com as quais a revolução poderia eclodir graças à guerra, não, como se acreditava até pouco antes, no elo mais forte da cadeia dos Estados capitalistas, mas em seu elo mais fraco, isto é, na Rússia.

mento, os primeiros para não colaborar com militantes que não condenavam formalmente o social-patriotismo; os segundos, para não "fazer o jogo dos extremistas". Nestas condições os homens de partido podiam votar um ódio tenaz à autocracia, mas ele se afigurava sem conseqüência. Ninguém imaginava que o encadeamento de palavras de ordem, mesmo contrárias, podia levar à revolução.

Diante da hostilidade da classe operária, das dificuldades da vida, da fadiga da guerra, do descontentamento dos soldados, o governo quis enfrentar a situação prendendo os chefes do movimento operário, mesmo os adeptos do "defensismo". Para isso mandou vir reforços e definiu as tarefas da polícia, dos cossacos e do exército.

O descontentamento passava por contágio da retaguarda à tropa, dos batalhões de linha aos da reserva. Já irritados contra os oficiais, a quem julgavam responsáveis pelas hecatombes de 1915, os soldados imputavam aos barines todas as desgraças da época. Suas cartas eram cheias de invectivas contra os responsáveis e falava-se "de um acerto de contas" quando a guerra terminasse, ou "talvez mesmo antes".

CAPÍTULO II

A queda do tzarismo

Nos meados do mês de fevereiro as autoridades de Petrogrado decidiram instituir os cartões de racionamento. O povo tomou conhecimento disso, e a partir do dia seguinte as filas se alongavam à entrada das padarias, depois, das mercearias, açougues etc. Com os estoques esgotados em poucas horas, baixaram as portas de ferro. Houve aglomeração, rebentaram-se as vitrinas. Nos dias seguintes estes incidentes se repetiram: estouravam geralmente depois de longas horas de espera a 20 graus abaixo de zero, quando a multidão ouvia o "netu" fatídico (não há mais).

Uma vez mais a Duma verberou contra a incapacidade do governo; uma vez mais sua esquerda tentou estabelecer contato com as organizações ilegais, mas estas se esquivaram, porque conheciam o estado de espírito dos bairros proletários, irritados com a demissão de milhares de operários, despedidos depois de uma greve; não lhes agradava fazer uma manifestação a convite da Duma. Entretanto, não parecia que os trabalhadores estivessem para organizar uma greve geral. Quando se criou um comitê para organizar as manifestações de 23 de fevereiro, previstas para a jornada dita das operárias, os bolcheviques recusaram sua colaboração, por julgarem que toda tentativa dessa natureza era prematura. Não o tinham exaustivamente provado os reveses dos meses precedentes? Mas no dia 23 de fevereiro de manhã, vendo que, não obstante, os grevistas saíam em passeata, decidiram participar dela.

Os Cinco Dias

Neste primeiro dia a manifestação mostrou-se digna, pacífica e até alegre. As autoridades, com medo de desordens, tinham ordenado o fechamento de escritórios e casas de comércio. Numerosos desocupados do centro da cidade juntaram-se então aos trabalhadores de Vyborg, para tomar parte na manifestação contra o tzarismo. Nesse dia a classe operária russa saíra do gueto.

As autoridades acreditavam tratar-se de medo pela falta de alimentos, sem gravidade, e à noite mandaram afixar cartazes tranqüilizando a população sobre as disponibilidades de cereais. Entretanto, no 2º dia, 24 de fevereiro, quase todas as fábricas entraram em greve. Mais tensos que na véspera, os manifestantes se precipitaram em direção ao centro. A amplitude do movimento, bem como a passividade das autoridades, surpreendeu participantes e testemunhas. Que significavam estes acontecimentos?

No 3º dia, 25 de fevereiro, os bolcheviques foram os principais organizadores das greves e das passeatas. A liderança da manifestação era patente, mas desta vez, também, a polícia estava a postos para impedir que os cortejos atravessassem as pontes sobre o Neva. Indo mais adiante, os manifestantes passaram o rio, por sobre o gelo, e se reorganizaram um pouco além. Na praça Znamenskaia a multidão confraternizou com os cossacos. Gritavam "Pão", "Viva a República", "Abaixo a guerra". A polícia montada quis intervir, os cossacos se interpuseram. A multidão pasmou: então a revolução ia vencer agora? À noite, no Conselho de Ministros, a discussão foi tempestuosa. O Ministro do Interior, Protopopov, acusava Belaiev, Ministro da Guerra, de não lhe ter enviado socorro. Mas a reunião tomou um caráter dramático quando chegou o General-Comandante da Região Militar: Khabalov acabava de receber um telegrama do Tzar, ordenando-lhe que fizesse cessar as desordens "a partir de amanhã".

Nesse dia, um domingo, a cidade tinha despertado mais tarde que de costume. Como as organizações ilegais não tinham estabelecido nenhum programa preciso, os bairros operários se abalaram de novo para o centro. Encontraram os soldados nos postos de combate. O povo se aproximava deles, falava-lhes amigavelmente, e eles respondiam. Os oficiais multiplicavam as instruções, para interromper esses diálogos, mas ninguém imaginava que dariam ordem de fazer fogo aos soldados. Então, por uma espécie de acordo tácito, estes atiraram para o ar ou sobre o gelo; as balas ricochetaram. Furiosos, de revólver em punho, os oficiais obrigaram então "a apontar para o coração". As metralhadoras por sua vez crepitaram. O sangue correu. Em alguns instantes houve 40 mortos e 40 feridos. Os manifestantes fugiram em todas as direções. Cansados e como que vencidos, voltaram para casa, persuadidos como seus chefes e como o governo de que desta vez estava acabado, não haveria mais quinto dia.

Contudo, três quartos da revolução já estavam cumpridos. O ímpeto revolucionário dos trabalhadores coincidiu com o movimento dos soldados, que na noite de 26 para 27 se amotinaram contra os oficiais: não lhes perdoavam ter-lhes dado ordem de atirar sobre o povo. Sucessivamente a febre ganhou todas as casernas: os Pavlovskii, os Volynskii, todos comentavam as fuzilarias da véspera e encarceraram seus oficiais.

Na manhã de 27 de fevereiro, os operários dos arrabaldes hesitavam em precipitar-se para a cidade. Avançando com precaução, perceberam ao longe grupos de soldados. Um murmúrio se propagou: "Eles estão sem oficiais". Imediatamente operários e soldados confraternizaram e juntos formaram um cortejo. Cerca de meio-dia atravessavam as pontes do Neva e durante três horas, entusiasmados, percorreram a cidade toda.

Na passagem, apoderaram-se das armas depositadas no Arsenal e puseram fogo no Tribunal Civil. Os ministros haviam desaparecido, toda a antiga ordem desabara em algumas horas. Música à frente, conduzido pelos suboficiais, o regimento de Pavlovskii marchou para o Palácio de Inverno e nele penetrou, saudado pelos sentinelas. Alguns instantes mais tarde, viu-se o pavilhão imperial descer lentamente, puxado por mão invisível, e logo em seguida um pano vermelho flutuou sobre o palácio. Em 5 dias pusera fim ao reino dos Romanov.

As reações da Duma e o nascimento do Soviet de Petrogrado

Enquanto isso, na Duma, os deputados acabavam de saber que o Tzar suspendera as sessões da Assembléia. Querendo imitar o exemplo dos revolucionários de 1789, decidiram deliberar, mas em uma pequena sala, que não era o recinto habitual das reuniões. O Presidente Rodzjanko dirigiu ao Tzar um apelo patético, pedindo-lhe que mudasse o governo. Nenhuma resposta. Então os deputados resolveram tomar medidas por conta própria. Extremamente tensos, interrompidos pelo crepitar da fuzilaria, queriam descer à rua e confundir-se com o povo. Alguns, como Miliukov, julgavam mais digno ficar, formar uma frente, impor-se aos manifestantes que se aproximavam. Todos se interrogavam ansiosamente se aquele exército de manifestantes vinha para atacá-los ou para protegê-los. "Apreensivos, emocionados, apertando-se moralmente uns contra os outros, os deputados sentiam de repente que existia alguma coisa terrível, perigosa, ameaçando mesmo aqueles que haviam combatido o tzarismo. Essa alguma coisa era a Rua."

Então, contra o parecer de seus colegas, Kerenski se lançou à frente dos soldados, dando-lhes as boas-vindas. Por iniciativa própria salvara a aliança do povo com a Assembléia.

No mesmo instante um grupo de militantes e de operários libertados da prisão de Krestys chegava à Duma. Falavam em formar um Soviet e solicitavam a mediação de Kerenski e de Ckeidze, junto à Duma para que esta os autorizasse a se reunirem no Palácio de Taurida. Assim, com o nome de Pré-Soviet dos operários, um grupo de mencheviques e de socialistas-revolucionários se promoveu a Estado-Maior da revolução e convidou as fábricas e os regimentos a elegerem delegados. Estes, uma vez reunidos, se constituiriam em Soviet nessa mesma noite. Enquanto esperava, o Pré-Soviet organizava uma milícia operária e um comitê para assegurar o abastecimento da cidade. À noite o Soviet se reunia, elegia como Presidente o menchevique Ckeidze e como vice-presidentes Kerenski e Skobelev. Foram também escolhidos socialistas-revolucionários, alguns sem partido como Sukhanov, os bolcheviques Sliapnikov e Molotov, que era um estudante. O Soviet confirmou o poder das comissões e decidiu editar um diário revolucionário, o *Izvestia*. O primeiro número lançou um apelo à luta contra o tzarismo e propôs a reunião de uma assembléia constituinte. (Cf. documento nº 5.)

O nascimento do Duplo Poder

Entretanto, preocupada com a constituição do Soviet e ansiosa por participar do movimento, a Duma decidira tomar uma resolução sem esperar a autorização do Tzar, e formou um "Comitê para o restabelecimento da ordem e das instituições", cujo nome constituía o programa. Em seguida, eliminando os elementos declaradamente monarquistas, decidiu formar um governo. O Soviet tomou conhecimento disso. Iria ele conceder seu apoio a essa tentativa?

A idéia de que eles próprios podiam tomar o poder mal fora vislumbrada pelos líderes do Soviet. Eles temiam as reações do exército, as do Tzar, e pensavam que era melhor deixar os deputados assumirem suas responsabilidades; eles os sustentariam contra uma eventual reação da autocracia, ou os combateriam, se não cumprissem os atos que deles se esperavam. Apenas Kerenski, ao mesmo tempo membro da Duma e Vice-presidente do Soviet, condenava esta atitude. Ele teria desejado que os líderes do Soviet participassem do governo, mas seus colegas dessa organização julgavam que a revolução ainda não tinha terminado de passar por sua "fase burguesa" e que ministros socialistas não poderiam agir eficientemente, o que viria desacreditar o movimento revolucionário. Rejeitando assim a participação por 13 votos contra 8, o Soviet reconheceu entretanto a legitimidade do governo que a Duma constituísse, o qual ele apoiaria apenas "na medida em que" aplicasse um programa de sua aprovação. Uma tal condição, a esta hora, pareceu uma ameaça.

Os soldados sublevados acabavam de promulgar o Prikaz I, no qual se recusavam a obedecer aos antigos oficiais e declaravam também que de ora em diante só aceitariam ordens vindas do Soviet. (Cf. documento nº 6.) Assim, este parecia a única força capaz de controlar o movimento revolucionário e a Duma estava disposta a muitas concessões. No fundo, ela sonhava governar com o exército de Petrogrado como espada e o Soviet como escudo. Mas o Soviet, por sua vez, sonhava pôr a Duma ao leme com um revólver encostado no peito, para dirigi-la a seu bel-prazer.

Houve uma reunião. Com medo de não se poder concluir nenhum acordo, os dirigentes do Soviet deixaram de formular quaisquer das exigências próprias dos partidos socialistas. De fato, era de se temer que o comitê da Duma invertesse sua posição e colaborasse com o Tzar para o esmagamento da revolução. Alegremente surpreendido por esta atitude, Miliukov empurrou o Soviet um pouco mais para fora do poder que ele deixava escapar. Como preço da adesão da Duma à revolução pediu apenas que o Soviet lançasse uma proclamação para legitimar a mudança do governo.

Os líderes aprovaram a escolha do príncipe L'vov para Presidente, de Guckov e Miliukov respectivamente para o Ministério da Guerra e dos Negócios Estrangeiros (Exterior). Para dar ao gabinete um toque revolucionário, os membros da Duma insistiram em incluir também Ckeidze e Kerenski. O primeiro recusou, mas o segundo aceitou, passando por cima das decisões do comitê do Soviet: ele se dirigiu à assembléia plenária e por assim dizer se fez eleger por plebiscito. O povo, satisfeito com a notícia da constituição de um Governo Revolucionário, manifestou sua cólera quando Miliukov explicou que o problema da dinastia ainda não estava resolvido: o Soviet concordara em que nenhuma decisão seria tomada antes da reunião da Assembléia Constituinte.

A abdicação dos Romanov

Duas incógnitas pairavam sobre o destino da revolução: a atitude de Nicolau II e a do Estado-Maior. Na noite de 1º de março, depois de 5 dias de fuzilaria, quando se constituía o Governo da Revolução, ignorava-se quase tudo das decisões que podiam ser tomadas por uns ou por outros.

Eles tinham tomado conhecimento das agitações desde 25 de fevereiro, e Nicolau II ordenara que fizessem "cessar a partir de amanhã agitações inadmissíveis". No domingo, 26, houve a fuzilaria. Rodzjanko enviou um telegrama ao imperador, que declarou: "É esse grandalhão de Rodzjanko a me escrever asneiras outra vez: não vou responder". No dia 27 chegaram informações contraditórias. A imperatriz informava ao marido que as notícias eram piores que nunca. "As concessões são indispensáveis". Ao mesmo tempo o Tzar recebia de Khabalov mensagens tranqüilizadoras. "Eu não ficava muito tempo no relatório", comenta Nicolau II, "e à tarde passeava pela estrada de Orcha". Única recordação dessa tarde em que jogou dominó, "havia um belo sol".

No dia 27 de fevereiro, às 19,35 horas, o Estado-Maior recebeu um apelo dramático do Ministro da Guerra. Desta vez o Generalíssimo Alexiev o comunicou ao Tzar, que encarregou o General Ivanov de restabelecer a ordem na capital. Mas a investida assumiu um ar de opereta, regozijando-se as tropas ao saber que todas as guarnições de Petrogrado se tinham passado para a revolução.

Durante todo o dia 1º o Tzar viajou sem falar nos acontecimentos, chegando no dia seguinte a Pskov, onde o esperava o General Russkii.

Nesse meio tempo, seguro de que o novo regime não pretendia proclamar a república, o Generalíssimo

Alexiev havia proposto submeter ao Tzar um manifesto no qual este reconheceria o novo governo. Depois, quando compreendeu que para salvar Miguel era preciso sacrificar Nicolau II, convidou os comandantes dos exércitos a enviarem telegramas ao Tzar, recomendando-lhe a abdicação "para salvar a independência do país e salvaguardar a dinastia". Exceto Evert, os generais do império aquiesceram sem hesitação, "encostando respeitosamente o revólver às têmporas do monarca adorado". Quando Russkii lhe comunicou os 7 telegramas, Nicolau II não tentou resistir; apenas consultou o médico, para saber se seu filho Alexis tinha probabilidades de viver, e ao tomar conhecimento de que estava condenado, modificou os termos de sua abdicação e escolheu o irmão Miguel como sucessor. Dois delegados da Duma, Guckov e Sulgine, chegaram nesse momento a Pskov e se surpreenderam ao ver o Tzar Nicolau II entregar-lhes imediatamente uma nota, em seguida descer à plataforma da estação, saudar o corpo dos oficiais que mal continham as lágrimas e com passadas ágeis subir de novo no trem. No seu caderno de notas, todavia, ele escrevia: "Deixo Pskov com a alma angustiada pelo que acabo de viver. Em volta de mim é tudo traição, covardia, velhacaria". *

A efervescência recomeçara em Petrogrado, ao se ter notícia do projeto governamental de fazer Miguel suceder a Nicolau II. A cidade se agitava novamente. Kerenski e L'vov decidiram procurar Miguel e pedir-lhe que também abdicasse, Miliukov queria convencer Miguel II a resistir. "Podeis garantir-me a vida?" perguntou o novo imperador. Desde esse momento o resultado da entrevista já era conhecido. Sem nem mesmo hesitar o último dos Romanov tomou o texto da abdicação, preparado com antecedência, e assinou-o.

---

* Colocado em prisão domiciliar, Nicolau foi assassinado em 1918 por soldados vermelhos: eles temiam que os exércitos brancos de Kol'chak viessem libertá-lo.

CAPÍTULO III

O novo regime e as aspirações da sociedade russa

O êxito da Revolução foi tão inesperado quanto sua eclosão. O Alto Comando aliou-se ao novo regime, seguindo o exemplo dos grão-duques e das personalidades importantes. Na província, o antigo poder governamental desapareceu de uma só vez. Sem esperar por orientação, o povo instalou imediatamente novas autoridades. Dentro de poucos dias não houve cidade, de Minsk a Vladivostok, que não se atribuísse sua administração revolucionária, Soviet ou comitê: no dia 17 de março de 1917 quarenta e nove cidades já haviam organizado seu Soviet; a 22 de março havia setenta e sete Soviets de cidades, aos quais devem ser acrescentados os Soviets de camponeses ou de soldados, os comitês revolucionários de toda espécie.

Assim, o novo regime tinha a dirigi-lo um "duplo poder":

1. O governo, que pretendia manter as estruturas do Estado e comandar a administração;

2. O Soviet de Petrogrado, poder de contestação, ao qual se aliavam os Soviets de província.

Os partidos políticos também constituíam forças que exerciam sua ação sobre os Soviets, esperando controlá-los. Mas, nesta ocasião, foi a opinião pública que manifestou sua vontade com mais determinação: apresentou suas exigências ao governo, aos Soviets e aos partidos. O futuro do regime dependia do modo pelo qual uns e outros iriam responder a ela.

O governo

Os homens que se achavam no governo sempre haviam desejado a instauração na Rússia de um regime de tipo parlamentar, à moda ocidental. Ao tomarem o poder, em março de 1917, não se propunham subverter a ordem econômica e social, mas renovar o Estado e ganhar a guerra, deixando a uma assembléia constituinte o cuidado de proceder a reformas de estrutura. Eles divergiam, todavia, na escolha dos métodos. Segundo Guckov e Miliukov, toda concessão aos socialistas apressava a marcha para a catástrofe, por isso era necessário entrar em luta com os Soviets. Kerenski julgava, ao contrário, que para fazê-los desaparecer, era preciso induzir seus chefes a participarem do governo.

No dia seguinte à queda do tzarismo o governo do príncipe L'vov conquistava grande popularidade. Entretanto, os operários das grandes fábricas e uma parte da opinião, sobretudo entre os soldados, não deixavam de considerar os Soviets como a única autoridade legítima.

Os Soviets e os partidos

Presentes em toda a Rússia, os Soviets tinham sido eleitos segundo os mesmos processos que o Soviet de Petrogrado. Eram quase sempre dirigidos por socialistas moderados (mencheviques, socialistas-revolucionários ou socialistas-populistas), que julgavam prematura qualquer participação no poder e consideravam que a revolução era, por natureza, burguesa. Os Soviets tinham por função fiscalizar a ação governamental, a fim de que esta cumprisse efetivamente as reformas democráticas que permitiriam a instauração, mais tarde, de um regime socialista. Minoritários, os bolcheviques preferiam considerar os Soviets como o embrião do futuro Estado socialista. Mas por essa época não eram ouvidos, porque sua hostilidade velada ao regime nascido em fevereiro não era muito popular. O mesmo acontecia com a oposição dos anarquistas, hostis a todo poder estatal e também não-confiantes na direção dos Soviets. (Sobre a posição dos anarquistas, ver documento nº 9.)

À direita da opinião revolucionária, os socialistas-populistas de Pesehonov admitiam a função dos Soviets, contanto que fossem os representantes de toda a nação e não apenas de uma classe. Como Kerenski, os trudoviques desejavam que os líderes dos Soviets participassem do governo. Os *cadets,* que desejavam o desaparecimento dos Soviets, declaravam que sua função era apenas exprimir a vontade da opinião pública.

Esta se manifesta fortemente desde os primeiros dias da Revolução: milhares de cartas e telegramas foram assim enviados ao Soviet de Petrogrado, à Duma, ao governo.

As aspirações dos trabalhadores

A classe operária enviou o maior número de mensagens: antes de mais nada ela desejava que lhe melhorassem as condições de vida, instituindo a jornada de oito horas, o seguro e o aumento dos salários; era favorável à diminuição das diferenças de nível salarial, mas não à equiparação; desejava que comitês de fábrica exercessem um controle sobre a gestão das empresas, pois deste modo os operários poderiam verificar, em cada caso particular, se o patronato podia ou não satisfazer suas reivindicações. Assim, em fevereiro, não se tratava nem de socialismo nem de gestão operária. Isto mudou posteriormente.

No plano político os operários desejavam a reunião rápida da assembléia constituinte e a instituição de uma república democrática. Entretanto, não se mostraram democratas em todas as ocasiões, pois, nos

Soviets, tinham tendência a reduzir a representação dos soldados ou dos alógenos. Nas primeiras semanas da Revolução apenas uma pequena minoria de trabalhadores ousou tomar posição a respeito do problema da guerra. Algumas grandes fábricas declararam-se contrárias à sua continuação, sem entretanto propor solução para pôr-lhe um fim. Os ferroviários e os artesãos, ao contrário, afirmavam uma posição "patriótica". A partir do mês de abril, porém, o problema da guerra passou ao primeiro plano das preocupações, tornando-se os operários os mais exaltados partidários de uma paz sem anexações nem contribuições.

As reivindicações dos camponeses...

Os camponeses foram um pouco mais lentos em dar a conhecer suas reivindicações. Mais vingativos que os operários, desejavam que se tomassem medidas contra o Tzar e a antiga administração, e, no plano político, além das reformas democráticas, desejavam uma ampla descentralização. Antes de tudo, queriam a propriedade privada segundo o princípio de que "a terra deve pertencer àqueles que nela trabalham", manifestando um ressentimento particularmente vivo contra aqueles que possuíam mais do que podiam cultivar. Os camponeses pobres desejavam uma distribuição gratuita, quer de terras devolutas, quer de parte das grandes propriedades. Não eram necessariamente hostis à manutenção de uma forma de salariado ou de arrendamento, mas desejavam receber imediatamente o seu quinhão. Os camponeses remediados tinham os olhos sobre os antigos domínios da Coroa, mas, temendo por seu próprio quinhão, receavam as iniciativas locais e preferiam contemporizar.

... e dos soldados.

As exigências dos soldados e marinheiros tinham por objetivo a instituição de abonos às famílias dos combatentes e a concessão de uma indenização aos feridos e mutilados. Pediam também que se modificasse o regulamento interno do exército e da marinha, que se estabelecesse uma disciplina baseada no respeito à pessoa humana.

Assim, esses veteranos não tinham em vista um próximo regresso ao lar, ainda que desejassem a paz ardentemente, como os combatentes de todos os países. Só manifestaram abertamente propósitos pacifistas quando viram que seus superiores eram contrários ao estabelecimento da paz e suspeitaram que usavam o patriotismo para fins inconfessáveis: o restabelecimento da disciplina e em seguida a utilização do exército em sentido contra-revolucionário.

As aspirações dos alógenos.

Os alógenos não foram os últimos a dar a conhecer suas aspirações: desejavam que fosse reconhecida não apenas sua qualidade de cidadãos da república nova, mas também a de pertencerem a uma pátria. Isto só poderia traduzir-se pela outorga de direitos culturais, políticos e coletivos. Salvo uma minoria quase sempre luxemburguista, os poloneses e letões visavam à secessão *. O mesmo acontecia com uma boa parte dos finlandeses e lituanos, chegando os mais intransigentes a desejar que seus direitos fossem garantidos por um tribunal internacional. Os ucranianos esperavam impacientes as reformas, mas, nessa data, a Rada que se constituiu em Kiev tinha aspirações puramente regionalistas. Com medo dos turcos ou da ameaça dos muçulmanos, armênios e georgianos aplicaram uma surdina a suas reivindicações de caráter nacional, assim que souberam que seus líderes ocupavam funções importantes no novo regime. O mesmo se deu com um grande número de judeus, ligados ou não ao Bund, satisfeitos com o regime instituído em fevereiro. Só os sionistas continuaram a querer a sucessão, militando a favor do estabelecimento de um lar judeu na Palestina.

Ao contrário dos judeus, os muçulmanos julgaram que o novo regime não se interessava por eles mais do

---

* Rosa Luxemburgo era contrária ao movimento das nacionalidades: argumentava que este divide os trabalhadores em vez de uni-los.

que o antigo. Como a luta contra a Turquia era impopular, o movimento nacional se desenvolveu rapidamente, chegando a ponto de afirmar posições islâmicas. Intenções tanto mais utópicas quanto o movimento muçulmano estava cindido em várias correntes e, à vontade centralizadora dos tártaros de Kazan, opunha-se a força centrífuga dos baskirs, dos uzbeks, dos azeris.

Reações e aspirações das classes dirigentes.

A burguesia adotara, por instinto, o comportamento de uma classe dirigente. Apoiada pela maior parte dos intelectuais, universitários etc., que a explosão de fevereiro aterrorizava, ela pretendia atingir seus próprios objetivos, que eram quase sempre opostos aos das classes populares; queria continuar a guerra até a vitória final (que poderia ser também o fim da revolução), e se baseava nos princípios democráticos de seus adversários para deixar a uma assembléia constituinte o cuidado de realizar reformas de estrutura. Entretanto, salientava que em tempo de guerra a convocação dessa assembléia era impossível, o que era um meio de transferir as reformas à paz.

Ciosa de ter em mãos o domínio total da economia russa e de regenerá-la, a classe burguesa não pretendia deixar declinar o esforço de guerra, opondo-se por isso à primeira das reivindicações operárias, as oito horas. Dizia-se também incapacitada para elevar os salários e contrária aos comitês de fábrica. Cheia de ilusão sobre sua força, não compreendeu a burguesia o sentido da revolução, nem aquilatou o poder do movimento que animava o país. Somente os oficiais mostraram cegueira maior.

Os homens que dirigiam o governo tinham pois que fazer face a reivindicações antagônicas. Tranqüilizados pela lealdade dos pequenos burgueses, dos ferroviários, dos artesãos, de uma parte do campesinato, estavam decididos a reapoderar-se do exército, o que seria possível com a continuação da guerra. Recearam, mais do que convinha, um comportamento de homens de Estado ao se oporem, por prudência, às reivindicações extremas. A classe dirigente e o Estado-Maior também não ficaram satisfeitos e não ajudaram o novo governo a cumprir sua tarefa. Assim, levaram à exasperação as classes populares e foram destruídos.

A oposição anarco-bolchevique.

Apenas uma pequena minoria entre os militantes bolcheviques e anarquistas havia previsto esta evolução. No começo de abril ela recebeu o apoio de Lenine, de volta do exílio, que, em suas *Teses de Abril* se fez o campeão da paz, da oposição absoluta ao governo provisório e da transferência da integralidade do poder aos Soviets. (Cf. documento n⁰ 11.) Lenine havia desaprovado a posição equívoca adotada por seu Partido e entrou em choque com Kamenev. (Cf. O Estado da Questão, p. 144.) Pouco depois, como os fatos lhe deram razão e provaram que não se podia "esperar nada" do Governo Provisório, suas idéias tiveram uma repercussão extraordinária. Contando com o apoio de Sverdlov, da federação do Ural e com a adesão de Stálin, dominou o Partido. A nova "linha" que lhe imprimiu tornou a dar uma personalidade ao "bolchevismo". A partir do mês de abril o "Partido de Lenine" se qualificara como o único adversário organizado do regime nascido em fevereiro.

CAPÍTULO IV

Primeiras decepções: a crise de abril

Os primeiros atos do governo.

O governo só tinha uma idéia na cabeça: apressar a volta à vida normal. Para traduzir sua vontade de instaurar um regime democrático, instituiu comissões especializadas para estudar os diferentes pontos de seu programa: reunião da constituinte, reforma das instituições etc. Era confiar a homens de gabinete o cuidado de preparar o futuro da Rússia, quando seu destino se decidia nas ruas. Enquanto esperava, o governo lançava proclamação sobre proclamação para anunciar a abolição da antiga ordem política e jurídica. Na verdade, essas medidas consagravam a vitória da Revolução e ninguém as creditou ao novo governo, pelo contrário, censuravam-no por não demitir os altos funcionários, transformados em comissários do governo; ou ainda de receber os representantes do comércio e da indústria, mas não os dos sindicatos. O governo não instituía nenhuma lei social, deixando aos operários o cuidado de negociá-las com os patrões. Em compensação, empreendia uma reforma administrativa completa, o que não interessava a ninguém. Para isto não esperava a decisão da constituinte, embora, cada vez que o Soviet propunha uma reforma, se abrigasse atrás dos princípios democráticos, lembrando sua incompetência para legislar. Foi esta a resposta dada aos camponeses, impacientes por verem distribuídas as terras do Estado, e aos alógenos, que desejavam ter o direito de ensinar em sua própria língua.

Havia outros motivos de descontentamento: as filas de espera voltavam a formar-se, os preços subiam de novo. A vida do país ficara parada durante mais de quinze dias e, com ou sem revolução, encontravam-se de novo a cada passo as dificuldades da vida cotidiana.

O governo desejava que as greves cessassem, que a atividade do país recomeçasse. No Soviet, Ckeidze fez uma exposição nesse sentido. Mas os operários faziam ouvido de mercador: exigiam melhor salário, garantias. Os soldados por sua vez intervieram: os soldados estavam em suas trincheiras, os operários deviam voltar ao trabalho. A moção de Ckeidze foi votada, mas um mal-estar pairou sobre a Assembléia: a sombra dos capotes cinza iria reinar sobre a revolução? As greves nem por isso terminaram. O Soviet intercedeu para que se concluíssem certos tipos de acordos coletivos. Estes acordos valiam somente para Petrogrado, onde oito horas foram assim instituídas. O Soviet apresentou-as como uma vitória dos trabalhadores.

Sob a pressão do Soviet o governo instituiu o monopólio do trigo e anunciou o aumento das taxas. Mas tranqüilizou os produtores, aumentando em 60% o preço dos cereais e garantindo-lhes que o monopólio terminaria com a cessação das hostilidades. Restava ver como estas medidas seriam aplicadas e se o abastecimento melhoraria. Em meados de março, o governo estava cheio de esperança. De sua parte, o Soviet pensava que, graças à sua vigilância, o novo poder seria obrigado a aplicar todos os pontos do acordo de 2 de março. O que atormentava uns e outros era o comportamento dos soldados, senhores das ruas.

Uma incógnita: o comportamento dos soldados.

O Alto Comando havia perdido toda a autoridade sobre a tropa, mas pensava que logo a recuperaria, graças à ajuda do governo. Este contava com o Soviet, mas seus chefes viviam sob o terror dos soldados, "o elemento mais reacionário da revolução". Quando os oficiais que tinham aderido ao novo regime vieram expor suas queixas ao Soviet, este aprovou todos os seus pontos de vista: deram uma interpretação mais estreita ao Prikaz I, lembrando que as eleições no exército tinham por fim escolher representantes de seus interesses políticos, e não escolher seus próprios oficiais. Isto constituiu o Prikaz II. Guckov aproveitou-se deste equívoco para censurar os autores dos Prikazes I e II. Eles não tinham mais razão de ser, pois havia agora um novo governo eleito pela Duma e reconhecido pelo Soviet: não mais se devia obedecer a outras autoridades.

O Alto Comando não se mostrou grato a Guckov, pois julgava que o poder civil o destituíra do poder de reinar sobre o exército. Recusou-se a examinar o que quer que fosse da declaração dos direitos dos soldados, preparada pelos serviços do Ministério, assim que soube que se tratava de suprimir a saudação militar.

O Soviet aproveitou a ocasião de recuperar a popularidade entre os soldados e atacou a Stavka, centro da contra-revolução. Em seguida, rejeitou o texto de um juramento que o governo queria que os militares prestassem. Os meios dirigentes puderam aparar o golpe, anunciando a iminência de um ataque alemão à capital. Este alerta de Stokhold reduziu-se a pouco: permitiu, entretanto, ao governo pedir reforços à retaguarda. O Soviet teve de resignar-se a deixar que o comando recrutasse alguns contingentes na capital, violando assim ele próprio uma das cláusulas do contrato de 2 de março. O governo, entretanto, se iludia sobre o alcance de seu êxito: as tropas que chegaram ao *front* comunicaram seu estado de espírito aos soldados que tinham permanecido na linha de frente, ao mesmo tempo, que o Soviet enviava comissários encarregados de prevenir qualquer tentativa de contra-revolução. Assim, o exército começava a pender para o campo da democracia, mas este acontecimento perdia uma parte de seu alcance, pois o Soviet se estava aliando à guerra de defesa nacional.

O problema da guerra.

Miliukov não pudera salvar o tzarismo; quis então, pelo menos, continuar a guerra... Assim, pensava ele, o governo conseguiria amarrar solidamente o novo regime às democracias ocidentais e consolidar a coesão da sociedade ameaçada pela explosão de fevereiro. Continuando as hostilidades até o esgotamento do inimigo, que bem poderia ser também o esgotamento da revolução, ele traria Constantinopla como dote à nova Rússia; de passagem, esperava também, o perigo alemão, dividir os vencedores em fevereiro, indispor ainda mais o exército contra os operários.

Desde 4 de março Miliukov estava enviando uma nota aos diplomatas russos no estrangeiro: o governo comunicava sua determinação "de observar estritamente as obrigações internacionais contraídas pelo antigo regime... e de conduzir a guerra à vitória final".

Os objetivos de guerra da Rússia revolucionária em nada diferiam, portanto, dos objetivos da Rússia tzarista.

Kerenski condenou esta atitude e se declarou a favor da "internacionalização dos Estreitos". Miliukov protestou: Kerenski estava manifestando suas "opiniões pessoais"; não importa, o guizo fora amarrado ao pescoço do gato.

No campo democrático, tropeçava-se sempre nos mesmos problemas: a guerra continuava a ter um caráter "imperialista" depois da queda do regime tzarista? Qual era a solução menos perigosa: fazer o jogo da burguesia, continuando a guerra, ou concluir a paz, o que poderia provocar uma contra-revolução?

Um apelo de Sukhanov declarou que "era chegado o tempo de começar um combate decisivo contra as ambições anexionistas de todos os governos; era também chegado o tempo dos povos se decidirem sobre ós problemas da paz e da guerra". Esta fórmula, lembrava o *Izvestia,* visava tanto aos Aliados quanto às potências centrais. Porém mais adiante dava-se satisfação aos defensores do "defensismo revolucionário". Impressionado pelo patriotismo dos soldados, o autor do manifesto acrescentava: "Nós defendemos nossa liberdade contra a reação do interior e do exterior. A Revolução Russa não recuará diante das baionetas dos conquistadores e não se deixará abater pelas forças militares do estrangeiro". Nesta ocasião houve um grande debate no Soviet: Steklov apresentou o projeto que foi defendido também pelos mencheviques Ckeidze e Cenkeli. O deputado bolchevique Muranov, de volta do exílio, também aprovou este texto, que não encontrou nenhuma oposição.

De volta da Sibéria, Irakli Ceretelli, o líder menchevique, compreendeu que qualquer incerteza constituía um perigo mortal para a revolução. Ele teve o mérito de distinguir as linhas de uma política coerente: ou a aprovariam, ou a rejeitariam:

"Aos dois problemas essenciais — o do poder e o da revolução — a direita e a esquerda já haviam dado uma resposta: a burguesia dizia: o reconhecimento de nossa hegemonia e de nossos *slogans* de guerra, problema nº 1 da revolução. A esquerda dizia: ditadura do proletariado e cessação da guerra para a adoção de medidas revolucionárias no país. A primeira ignorava os problemas da revolução; a segunda, suas possibilidades. Ambas levavam à guerra civil."

Ele obteve a vitória de suas posições na sessão do Soviet. O relator, Sukhanov, apresentara uma moção mais baseada na luta pela paz que na "defesa" da revolução. Ceretelli manifestou sua discordância; tudo se passava como se o Soviet confiasse a defesa do país ao governo, sob a condição, para o Soviet, tudo fazer para constrangê-lo a assinar a paz. A seu ver, era necessário ao mesmo tempo fazer a guerra, lutar pela paz, proclamar as duas faces desta política e torná-la obrigatória. Nesse mesmo dia o Soviet pedia para entrar em entendimentos com o governo.

Miliukov teve que ceder, mas deu à sua "nota" a forma de um "apelo" aos cidadãos da Rússia, o que não envolvia nenhuma exigência a ser formulada junto aos governos aliados (27 de março de 1917).

Respeitando o acordo concluído com o governo, o congresso dos Soviets indicava imediatamente a necessidade de "preservar a combatividade do exército para operações ativas". Qual seria a reação da Europa aos objetivos da Revolução Russa?

As reações da Europa.

Passados os primeiros dias de estupor, a Europa se interrogava sobre o sentido da revolução russa e a influência que ela exerceria sobre o resultado da guerra.

Em Berlim e Viena numerosas vozes afirmaram que a Revolução Russa era uma "crise de guerra"; com a tomada do poder pela burguesia, a Rússia ia doravante fazer uma "guerra a faca". Os atos do Alto Comando e do governo provavam que Berlim e Viena eram sensíveis a esta interpretação dos acontecimentos: o número de divisões alemãs contra os russos permaneceu estacionário em abril de 1917, para passar de 72 a 75 divisões em maio, a 78 em junho.

Outros, cada vez mais numerosos, julgavam que o povo russo, faminto e cansado da guerra, estava na iminência de se levantar, para pedir pão, liberdade e paz, quando liberais russos, partidários da guerra, se tinham reunido ao movimento para dirigi-lo e explorá-lo, visando à continuação da guerra. A declaração de 14/27 de março deu força a essa interpretação. A partir daí, para explorar o desejo de paz de uma parte da opinião russa, o Estado-Maior austro-alemão se absteve de lançar uma grande contra-ofensiva, pois ela catalisaria o sentimento patriótico, enquanto a inatividade permitiria à desintegração realizar sua obra. Além disso, o governo alemão concedeu todas as facilidades aos "pacifistas" russos, que, na Suíça, queriam voltar ao seu país; Lenine, Martov e seus amigos zimmerwaldianos obtiveram o visto de trânsito em treze dias, um tempo recorde. Paralelamente, Scheidenmann e Czernin responderam publicamente ao "apelo" de 14 de março, dando carta branca aos socialistas majoritários para agir junto à democracia russa. Os socialistas alemães, como Parvus, intercederam junto ao dinamarquês Borgberg que, tendo vindo a Petrogrado em meados de abril, tentou organizar uma conferência socialista internacional e transmitiu também aos russos as condições de paz dos socialistas majoritários alemães. Assim, esta viagem deu início às preliminares da Conferência de Estocolmo.

Em Paris, Londres e Roma a Revolução foi recebida diversamente: os meios socialistas e os liberais se rejubilaram com a queda do tzarismo, mas não a opinião conservadora que tentou impingir a lenda de uma mudança de regime realizada com o consentimento de Nicolau II e que depois, em seguida ao apelo do Soviet a 14/27, deixou perceber sua hostilidade.

Os meios governamentais procuraram não se deixar abater pelos reveses. Quando souberam que só os "maximalistas" eram pacifistas — e não o Soviet todo — nem por isso se tranqüilizaram. (Por engano, confundiam-se maximalistas e bolcheviques. Ver o capítulo I.) A imprensa, todavia, distinguiu entre Lenine, transformado num agente alemão, e o Soviet, que foi poupado. Os governos aliados haviam saudado o regime como se nada tivesse acontecido. Nivelle enviou telegrama após telegrama ao General Alexiev para "exigir" o início da ofensiva, esta "comédia" não podia durar. Depois do "Apelo do Soviet aos povos do mundo inteiro", os governos aliados pensaram em interceder junto ao príncipe L'vov, utilizando os bons ofícios dos socialistas, para insistir sobre "a vitória a ser obtida contra o inimigo comum". Duas delegações partiram para Petrogrado: uma embaixada extraordinária de dois ministros socialistas, Henderson e Albert Thomas, e uma delegação encarregada de saudar a Revolução em nome dos socialistas ocidentais, a missão Moutet, Cachin, Sanders. Em verdade, as duas missões tinham por objetivo avivar o ardor bélico do aliado russo.

Passadas as manifestações tradicionais, os socialistas aliados sentiram imediatamente a desconfiança de que eram alvo. No Soviet acolheu-os um "frio da Sibéria". "Davam a impressão de ser agentes de Shylock, vindos para exigir da Revolução Russa sua ração de sangue e de carne para canhão", comenta Sukhanov. Eles tiveram que justificar sua representatividade, informaram que o Soviet intercedera em Paris e Londres para que os representantes da tendência internacionalista fossem convidados a Petrogrado e foram obrigados a dar "garantias" sobre a Índia, a Irlanda e o Marrocos. Os socialistas aliados declararam que aprovavam a fórmula do Soviet: "Paz sem anexações nem contribuições". No caso da Alsácia-Lorena tratava-se de um mal-entendido; antes de decidir sua sorte, era necessário, segundo os russos, consultar as populações; os franceses concordaram, porém a custo, e consideraram então que competia à França, espoliada em 1871, controlar as particularidades do referendum; o Soviet, ao contrário, achava que se devia apelar, como em todos os outros casos, a uma comissão internacional. Além disso, os socialistas russos se pronunciavam contra o pagamento de uma contribuição de guerra aos vencedores, salvo no caso da Bélgica; a responsabilidade da guerra pertencia a todos: cada um devia cooperar na indenização às vítimas.

Entretanto, como os russos rejeitavam toda idéia de paz separada, os socialistas aliados esqueceram bem depressa os incidentes desagradáveis dos primeiros dias, estabeleceram excelentes relações com seus colegas do Soviet. Seduzidos pouco a pouco pelo extraordinário espetáculo e pelo entusiasmo de uma revolução vitoriosa, converteram-se ao ideal dos Soviets. Tendo partido como tímidos advogados, preocupados com os interesses de seu governo, voltaram da Rússia como os gloriosos da pátria da Revolução.

A presença das missões aliadas deu impulso aos meios defensistas-revolucionários, cujas posições foram reforçadas. A ação das potências centrais também não tinha ficado indiferente; indiretamente funcionara no outro sentido. Assim, a intervenção da Europa puxou a Revolução em duas direções opostas, no momento em que a volta dos grandes chefes emigrados (Lenine, de um lado; Plekhanov de outro) tinha reforçado de maneira precisa as tendências extremas.

A origem das jornadas de abril: a nota Miliukov.

No começo do mês de abril a guerra era o problema principal da Revolução. Camponeses, operários, soldados tinham conseguido satisfazer suas primeiras aspirações; haviam começado a apoderar-se das terras, a aplicar as oito horas, ou tinham rompido com a antiga disciplina. Mas sozinhos, não podiam resolver o problema da guerra: por isso espreitavam as menores reações do governo. Nas cidades sobretudo, pouquíssimas são as moções, de ora em diante, que não lembram esse problema, tendo as reivindicações de ordem política ou profissional passado para o segundo plano.

Nos exércitos, o problema da disciplina e da guerra estavam indissoluvelmente ligados. Os "comissários" do Soviet haviam ganho a partida e os soldados só obedeciam às ordens do comando quando elas correspondiam à expressão do desejo da "democracia". Conquistados pela idéia de uma "paz sem anexações", não viam entretanto os meios de concluí-la... Foi assim que se desenvolveu o movimento das "fraternizações", uma "iniciativa revolucionária das massas" de objetivos mal definidos, que terminou por ordem do Soviet.

A 18 de abril Miliukov enviou às potências a "nota" tão esperada. Contra toda a expectativa, ela insistia sobre o impulso que a Revolução ia dar à defesa dos direitos e dos princípios pelos quais combatiam a Rússia e seus aliados, lembrava que o governo respeitaria fielmente as obrigações assumidas para com os aliados. E não dizia uma palavra sobre as aspirações da "democracia russa" a uma paz "sem anexações nem contribuições", ao contrário, evocava aquelas "garantias" e "sanções" que os aliados poderiam exigir mais tarde para instaurar uma paz durável.

A crise estoura.

Nos meios democráticos, a *Nota* teve o efeito de um pano vermelho. Até parecia uma provocação, para suscitar uma prova de força entre o Soviet e os militares. Nos meios operários desencadeou-se instantaneamente uma campanha de petições; em 24 horas, atingia o país todo. Na maioria delas pedia-se a saída de Miliukov e assegurava-se a confiança no Soviet, a necessidade de aumentar seu controle sobre o governo. Depois os subúrbios da capital se entusiasmaram, seguindo na comitiva de Linde e do 180º regimento de infantaria; este anarquista — um dos autores do Prikaz I — era também um defensista: ele temia que a *Nota* contribuísse para a desorganização do exército, pois ela fazia renascer as polêmicas. Para prevenir tal catástrofe, um único meio: que o Soviet se encarregue da política estrangeira da Revolução. A manifestação tinha por fim ajudá-lo a fazer isso. Portanto, gritam "Abaixo Miliukov...", "Abaixo a política de agressão...", "Abaixo o Governo Provisório". Mas sobre as bandeirolas vermelhas dos manifestantes, em boa parte bolcheviques, lia-se também "Todo o poder aos Soviets".

Estas manifestações de cólera estouraram no clima já carregado da jornada dos Inválidos e da festa do 1º de maio. A direita estava mobilizada, também: a situação caminha para um conflito armado? É o que teme o Soviet, que ignora os objetivos e a natureza da manifestação em curso. Ceretelli, Ckeidze, Dan, Goc querem evitar a guerra civil; condenando claramente a "nota Miliukov", exigem seu desmentido formal. Dizem-se prestes a impor sua política ao governo. Ceretelli mostra que o "apelo às massas é uma arma perigosa", "que o Soviet é bastante forte por si só para obrigar o governo a submeter-se".

Efetivamente, nessa mesma noite, este desaprovava Miliukov e aceitava ter um encontro com o comitê executivo do Soviet.

"Estamos conscientes de que o Soviet não confia mais em nós, declara o príncipe L'vov, e todavia o governo nada fez para merecer esta desconfiança... Não tendo mais vosso apoio, estamos prontos para partir." Procurou-se uma solução que satisfizesse ao Soviet sem humilhar Miliukov. Ceretelli e Nekrassov redigiram um texto, deixando-lhe o encargo de torná-lo público.

Todavia, ignorando o resultado destas negociações e inteiramente decididos a manifestar sua determinação, os subúrbios tinham-se posto em marcha de novo, movidos por este apelo do *Pravda* e do *Soldatskaia Pravda*: "É chegado o tempo de assumir o poder ... a primeira das condições necessárias à conclusão de uma paz democrática". Lenine acrescentava: "O governo deve abandonar os cargos e ceder o lugar aos Soviets", uma política que Kalinine e Kamenev julgavam "aventurista". De fato, era puxar a manifestação mais "para a esquerda" do que pretendiam os participantes. Uma parte dos manifestantes estava armada, "porém mais por ostentação", como disse um dos participantes; a presença de numerosas mulheres atestava que ninguém pensava em promover incidentes sangrentos. Impressionar a opinião, recomeçar a tradição insurrecional, fazer recuar a política do governo, sustentar o Soviet, obrigá-lo à intransigência, tal era o objetivo dos manifestantes. Pode-se imaginar sua surpresa quando, na esquina da Nevskii com a Sadovaia, viram contramanifestantes, também eles visivelmente organizados. Gritos contra Lenine ecoaram na multidão: o nervosismo apoderou-se do cortejo. Nesse bairro os néscios eram favoráveis aos contramanifestantes — estudantes, oficiais — que passaram ao ataque, arrancando aos operários seus emblemas. Soaram tiros, partidos dos edifícios. A escaramuça durou até a noite. Houve mortos e feridos.

Enquanto isso, a algumas centenas de metros, o general Kornilov, comandando as tropas da capital, tinha-se colocado atrás do *Palais Marie,* pronto para intervir, embora ainda na véspera isso lhe tivesse sido expressamente proibido. Entretanto, desconfiados, os soldados se recusaram a marchar contra os manifestantes: exigiam uma ordem do Soviet. Este, avisado, respondeu imediatamente: era verdade, estavam sendo enganados. No futuro, para maior segurança, só deviam obedecer às ordens assinadas por dois membros da diretoria do Soviet ... A provocação, mais ou menos combinada, tinha portanto malogrado ... Kornilov demitiu-se.

A autoridade do Soviet saía fortalecida da aventura, Miliukov o percebera as suas custas. Os bolcheviques, ao contrário, tinham superestimado suas forças: Lenine o reconheceu alguns dias mais tarde, em *As lições de uma crise*: eles tinham caminhado "demasiado à esquerda". Seu descrédito aumentou nos meios "democráticos", onde Kamenev foi alvo de gracejos.

A queda de Miliukov e a formação de um Governo de Coalizão.

O problema do poder tinha-se colocado uma vez mais, com o caso da "Nota Miliukov".

O conflito trouxera de novo à baìla o funcionamento do regime, mas que fazer? Os *cadets* e os bolcheviques incitaram ao rompimento, mas depois de algumas peripécias a tendência à reconciliação terminou por vencer: em dez dias a crise se resolvera, deixando provisoriamente "fora do jogo" a direìta e os bolcheviques.

A diretoria do Soviet continuou a rejeitar o princípio da participação, mas, nisto, Guckov pediu demissão e acreditou-se que este afastamento era um sinal. Alguns ministros já falavam de uma renúncia coletiva do gabinete. Na rua, as paixões voltavam a exaltar-se. Representando a guarnição de Petrogrado, o Coronel Jakubovic entabulou conversações junto ao Soviet para asseverar-lhe que era necessário "que o Soviet, o único com autoridade aos olhos do exército, participe do governo". Agira ele espontaneamente? Sua intervenção foi seguida de uma série de petições provenientes da guarnição, e isto bastou para fazer voltar Ceretelli e Ckeidze. "Em vista da pressão dos elementos democráticos e do exército", eles aceitavam a idéia da coalizão. "Há três dias", explicou Ckeidze, "eu afirmava não poder assumir a responsabilidade de recomendar que o comitê executivo enviasse seus representantes ao governo. Agora, mudei de opinião e não posso assumir a responsabilidade de vos recomendar que não participeis dele". Desta vez a participação venceu por 44 votos contra 19.

Antes mesmo de existir, porém, a coalizão baseava-se num mal-entendido: "Para os burgueses, aliviados, o controle das massas era substituído pela colaboração com as massas". Estas viam apenas que, pela primeira vez na história da Rússia, os socialistas tinham assento nos bancos do poder. Elas observavam também que o Soviet recusara o poder que lhe ofereciam os operários, mas o aceitava das mãos dos soldados.

Em nome do Soviet, Dan e Ceretelli redigiram o programa que pretendiam propor à Assembléia do Governo Provisório. Na essência ele se baseava no díptico:

1. Luta pela abertura de negociações e pela conclusão de uma paz sem anexações nem contribuições, com base no direito de autodeterminação dos povos.

2. Fortalecimento do exército, através de sua democratização, para prevenir o esmagamento da Rússia e de seus aliados, que seria danoso à causa dos povos e à da paz.

Não houve tempo nem mesmo de discutir os outros pontos do projeto, que tratavam da luta contra a desordem econômica, da defesa dos direitos dos trabalhadores, da efetivação de uma reforma agrária: o essencial fora a definição de um programa de política exterior. *

---

* O príncipe L'vov conservava a presidência de um gabinete dominado por três homens: o internacionalista S.R. Victor Cernov, o menchevique Ceretelli, o trudovique Kerenski.

CAPÍTULO V

O fracasso da coalizão

Os "conciliadores" do Soviet e do governo tinham vencido no momento preciso em que a vanguarda da classe operária e a burguesia de combate acabavam de defrontar-se, verberando cada uma de seu lado toda política de "colaboração de classes". Consultada por ocasião das eleições municipais, a opinião pública seguiu os que preconizavam a moderação. A Rússia continuava no encalço do sonho de fevereiro, uma revolução que poupasse o sangue dos homens. Parecia, portanto, que o país se orientava para um regime democrático, em que os Soviets desempenhariam o papel de um parlamento popular.

Era ainda necessário que o regime de coalizão resolvesse os problemas da Revolução. À direita, embora deixando alguns de seus representantes no governo, os *cadets* clamavam a impotência do novo governo e estimulavam a resistência dos meios "burgueses" a qualquer concessão. À esquerda, os bolcheviques, presentes nos Soviets, prediziam a falência da coalizão. Após a volta de Lenine o Partido recobrara novo vigor, censurando toda concessão feita ao inimigo da classe. Nesse combate tinha por companheiro apenas o pequeno grupo dos "unitários", chefiados por Trotski e Lunacarskii, mas podia contar também com a neutralidade simpática de uma parte dos mencheviques e dos S.R.: aqueles que, seguindo Martov e B. Kamkov, tinham condenado a participação dos socialistas num governo "burguês". Tudo dependia do modo pelo qual a coalizão viesse a resolver os problemas da guerra e da Revolução.

O fracasso da política de paz de Ceretelli.

A política estrangeira tinha por animador a I. Ceretelli. O líder menchevique esperava que, com a entrada dos Estados Unidos na guerra e a revolução de fevereiro, os apetites das potências imperialistas seriam refreados. Assim, a renúncia dos russos a Constantinopla poderia desempenhar o papel de um exemplo e servir à causa de uma paz democrática. Entretanto, não se podia contar nem com os Aliados, nem com as potências centrais: por isso a democracia russa deveria fortalecer a ação dos socialistas nos países beligerantes e ajudar a ressurreição da Internacional, na qual Ceretelli depositava uma fé messiânica. Uma conferência de todos os partidos, em Estocolmo, deveria estabelecer um programa de paz, que tentariam impor em seus respectivos países. Na Rússia, era já um fato: faltava alcançar êxito nos outros lugares. A luta, portanto, se travaria em dois terrenos: o das relações entre governos e o das relações entre partidos socialistas. Além disso, considerava-se que cada partido socialista agiria sobre seu governo.

A política de Ceretelli, sustentada pela "maioria" do Soviet, era encarada com hostilidade ou ceticismo. O Ministro dos Negócios Estrangeiros, Terescenko, sabia muito bem que jamais os Aliados abandonariam suas ambições anexionistas e preferia contar com as vias da diplomacia secreta para obter deles declarações tranqüilizadoras. As respostas de Lloyd George, de Ribot e sobretudo de Wilson convenceram-no da inutilidade do empreendimento de seu colega. Os bolcheviques obtiveram um fácil triunfo. As razões de Lenine, entretanto, foram menos compreendidas quando ele tomou posição contra a reunião da conferência socialista internacional de Estocolmo: ele dizia que a revolução na Alemanha era iminente e que, assim, o empreendimento de Estocolmo só podia salvar Guilherme II, desculpando os social-chauvinistas de todos os países. Acreditava nisso, realmente, ou temia sobretudo, como os espartaquistas, * ficar minoritário no seio do congresso socialista internacional? Na verdade, os governos aliados já haviam feito fracassar o plano do Soviet, recusando passaportes àqueles que teriam de negociar com os "socialistas do Kaiser".

Realizou-se em Estocolmo toda espécie de reuniões preparatórias, mas a conferência nunca se efetivou, o que constituiu um terrível fracasso para o Soviet de Petrogrado. A maioria ficou desmoralizada. A opinião pública não sabia mais o que pensar desse empreendimento, e constatou apenas que os socialistas majoritários eram incapazes de promover a paz na Rússia ou em qualquer outra parte, quer estivessem na oposição quer no governo.

Os falsos sucessos de Kerenski.

Eram eles capazes de ganhar esta guerra? Julgou-se que Kerenski estava em condições de fazer mais um milagre. Ele tinha conseguido impor-se ao Estado-Maior quando se desembaraçara de Miliukov, soube conquistar os soldados com a idéia de uma ofensiva e cumpriu nessa ocasião uma *tournée* memorável, que lhe valeu o cognome de "persuasor-chefe". Contrário a qualquer transformação real do exército (que julgava impossível em tempo de guerra), convencera também os soldados de que a hora da constituição de um exército verdadeiramente democrático viria mais tarde; antes, fazia-se necessário obter uma vitória militar sobre os alemães, para convencer os Aliados de que, se a Rússia promovia uma política de paz, não

---

* Membro do *Spartakusbund*, grupo socialista de extrema esquerda criado na Alemanha em 1916 por Liebknecht e Rosa Luxemburgo. (N. do T.)

era por fraqueza. O Estado-Maior, bem como os Ministros, julgaram a experiência sem esperanças. Não obstante, Kerenski a tentou, conseguindo restabelecer a disciplina militar, fazer voltar os desertores e fazer admitir pelos soldados a necessidade dessa ofensiva. Apesar da reprovação dos bolcheviques, esta foi lançada a 16 de junho. Os "soldados da liberdade" alcançaram uma primeira vitória, mas foi fogo de palha. Ao cair Galicz, a ofensiva arrastou-se, parou e falhou. A honra perante os aliados estava salva: a Rússia pagava-a com vários milhões de mortos.

Esta falência em política exterior era apenas por culpa de Guilherme? Os bolcheviques afirmavam que os ministros russos eram também responsáveis. Fazia-se necessário derrubá-los, como ao tzarismo, pois sem nada ter feito de positivo para a paz, opunham-se também a todas as reformas.

Classe contra classe: operários e patrões.

Nas cidades, a classe operária apresentara reivindicações extremamente modestas: melhoria do salário de miséria, melhoria das condições de vida nas fábricas, seguro de emprego. O patronato tergiversou e concedeu pouco: foi mesmo preciso arrancar-lhe as oito horas, e no Donetz continuou a fazer as crianças trabalharem. As dificuldades econômicas também concorriam para que as fábricas não pudessem funcionar como antes. Os patrões quiseram aproveitar-se das circunstâncias: não somente aumentaram muito pouco os salários, mas também despediram operários cada vez que havia interrupções na produção. O governo não aprovava essa atitude, mas era adepto do processo de arbitragem, o que permitiu aos empregadores ganhar um pouco de tempo.

Para os ministros socialistas o essencial era impor aos patrões o controle do Estado sobre a produção. Pensavam que o resto viria em seguida. Mas Konovalov, (Ministro da Economia), deu o sinal da resistência, solicitando demissão. A partir desse momento, as classes dirigentes, que já se tinham negado a vir em auxílio do novo regime não subscrevendo o

Empréstimo da Liberdade, recusaram-se abertamente a colaborar com ele, resistiram mais resolutamente que nunca às reivindicações dos trabalhadores e organizaram a sabotagem da economia para desqualificar "um governo incapaz".

Os trabalhadores de modo nenhum se mostraram gratos aos ministros socialistas por sua luta pelo controle da economia, pois esta causa lhes era estranha. Pelo contrário, ficaram muito enraivecidos contra eles por não os terem sustentado eficientemente na luta contra os empregadores.

Por isso, quando o movimento das greves recomeçou, em maio, teve uma leve pitada antigovernamental. A classe operária reencontrou a tradição de 1905, interrompida pela reação e pela guerra. As jornadas de fevereiro não eram coisa sua, apenas, mas de toda a Rússia. Agora, era diferente, e as greves se desencadearam em grande escala em 74 dos 75 governos, e com objetivos mais amplos, aliás mal delimitados. O patronato contra-atacou com o *lock-out,* isto é, uma declaração de guerra. Então, os operários ocuparam as fábricas, confiando a seus comitês o encargo de gerir as empresas. Era claro, todavia, que os patrões, decididos a travar a luta, estavam dispostos a medidas extremas, organizando até a interrupção dos fornecimentos. Por iniciativa dos bolcheviques, os comitês de fábrica de Petrogrado organizaram então uma conferência que tomou medidas para lutar contra o inimigo da classe. Skobelev, (Ministro do Trabalho), e os mencheviques não viam com bons olhos o movimento: não iria ele escapar-lhes? Opondo-se ao "controle operário" e à gestão operária com mais energia que ao movimento dos *lock-out,* Skobelev e os Soviets destruíram uma parte da confiança que a classe operária podia ainda testemunhar-lhes.

Classe contra classe: proprietários e camponeses.

Nos campos, o governo perdeu também as simpatias do campesinato, que manifestara seu ideal energicamente, desde os primeiros dias da Revolução. Os mujiques queriam tornar-se proprietários, se não o eram ainda; cercar sua parte, aumentá-la a expensas dos domínios não cultivados ou insuficientemente aproveitados. Se cultivavam as fazendas dos *pomesciki,* esperavam da Revolução uma diminuição do aluguel da terra, uma utilização mais eqüitativa das florestas e das pastagens e confiavam em que os comitês locais realizariam uma redistribuição da riqueza, que permitisse a cada um desenvolver seus recursos segundo suas possibilidades, e deixariam a terra somente para aqueles que a trabalhassem.

A impaciência do campesinato explica-se suficientemente pela demorada espera e por todo um passado de sofrimento. Não tendo recebido em partilha, imediatamente e por decreto, toda a terra, ele se pôs em movimento a partir do mês de março, apropriando-se das terras desocupadas ou sem cultura, e apoderando-se de material agrícola e de gado arrendado. Paralelamente, organizavam-se comitês de aldeia, instituíam-se administradores da terra, à espera de que a Assembléia Constituinte estabelecesse seu estatuto jurídico: eles reavaliavam a taxa dos aluguéis, determinavam a utilização das pastagens etc. Os *pomesciki* reagiram imediatamente: censurando os atos individuais (tão numerosos quanto os coletivos), fizeram um apelo ao governo para que tomasse medidas contra "a anarquia", e imitando os industriais que procediam a *lock-out,* interromperam as semeaduras, o que enfureceu os camponeses.

Em um primeiro ímpeto, o governo recusara enviar as tropas reclamadas pelos proprietários, mas nem por isso deixou de desaprovar a ação dos camponeses, e organizou uma completa hierarquia de comitês encarregados de tomar medidas conservadoras, à espera da grande lei que a Assembléia Constituinte preparava. Entretanto, a composição desses comitês dava motivo a críticas e os mujiques se perguntavam se as medidas que começaram a tomar visavam os proprietários ou os camponeses. Enquanto esperavam, o governo e os partidos constituíam comissões e comitês encarregados de ultimar a reforma agrária. A primeira reunião do Comitê Nacional só se realizou a 19 de maio, tal fora o cuidado em representar todas as tendências da opinião. A esta data, os comitês locais nascidos espontaneamente ém abril já haviam tomado muitas iniciativas. Assim, a principal divergência entre os partidos não tinha por base o conteúdo do programa de cada um, mas encontrava-se entre aqueles que, com os bolcheviques anarquistas* e os S. R. de esquerda, queriam deixar agir as instituições revolucionárias, e aqueles que preconizavam uma ação coordenada procedente do comitê central agrário. Os campos ignoravam os pormenores circunstanciados destas tomadas de posição. Os soldados-mujiques das cidades, mais bem informados, apenas constatavam que seu Ministro, V. Cernov, não aprovava sem reservas o movimento espontâneo da população.

O novo regime e os alógenos.

Os alógenos também sentiam que a Revolução não mudaria seu estatuto tanto quanto desejavam. O governo proclamava que, doravante, todos os cidadãos da Revolução seriam iguais, uma satisfação dada aos alógenos na qualidade de indivíduos. O novo regime nada fizera, porém, para dotá-los de sua personalidade coletiva, reconhecendo-lhes o direito de constituir uma nação ou de decidir por si próprios a natureza de suas relações com a nova república. Os finlandeses e os poloneses receberam garantias, mas como a todos os outros alógenos, foi-lhes declarado que somente uma assembléia constituinte decidiria soberanamente. Ora, esta seria composta de uma maioria de russos e uma parte da opinião alógena já não lhe reconheceu a legitimidade. Assim, houve patriotas na Ucrânia, Lituânia etc., que solicitaram a garantia de seus direitos por uma organização internacional. O governo e os Soviets subestimaram o descontentamento dos alógenos porque uma parte dentre eles rompeu com o movimento nacional; ora porque, tal como os armênios, georgianos ou judeus antigos adeptos do Bund, participavam ativamente das lutas políticas no seio das organizações revolucionárias russas; ora porque condenaram o governo mas do ponto de vista dos so-

---

* A ação de N. Makhno nos campos ucranianos atinge sua maior amplitude depois do sucesso da Revolução de Outubro.

cialistas-internacionalistas. Esta última tendência, dita luxemburguista, era relativamente forte entre os povos bálticos e os poloneses. (Ver p. 43 .)

Os dirigentes da nova Rússia foram assim tomados de surpresa quando, em junho de 1917, souberam que uma Rada (assembléia) formada em Kiev acabava de proclamar a soberania da Ucrânia. Um sinal precursor, que anunciava os futuros movimentos dos finlandeses, dos bálticos, dos tártaros.

As manifestações de junho.

Depois de seis semanas de exercício do poder, a coalizão tinha poucos sucessos a registrar no seu ativo. Os circuitos econômicos estavam bloqueados, a crise social declarada nas cidades, latente nos campos; os alógenos entravam em dissidência. No próprio centro da Revolução a autoridade do governo era contestada pelos oposicionistas da esquerda, bolcheviques ou anarquistas, enquanto que Kronstadt se opunha abertamente às decisões do Congresso dos Soviets, contestando sua legitimidade. Ousadamente a contra-revolução começava a levantar a cabeça, encorajada pelos *cadets,* pelos oficiais do Estado-Maior, pela Igreja Ortodoxa e também pelos cossacos que a reforma agrária ameaçava. O primeiro congresso dos Soviets, longe de representar a apoteose dos mencheviques e dos S. R., amplamente majoritários, marcou seu crepúsculo. Ckeidze, Dan, Ceretelli, Cernov, Kerenski obtiveram nele êxitos puramente oratórios, ridicularizando Lenine, Trotski, Lunacarski.

Com o sucesso garantido, a maioria, satisfeita, deixou a Sala dos Congressos. Grande foi sua surpresa ao ler no *Pravda* um apelo a uma manifestação de massa para o dia seguinte, 10 de junho. Ela não compreendeu o jogo que praticavam os bolcheviques: faziam uma manifestação contra a política dos Soviets ao mesmo tempo em que reclamavam para eles a totalidade do poder.

Na realidade, a iniciativa partira dos soldados bolcheviques da capital, preocupados ao ver Kerenski retomar o controle do exército. Como as moções das tropas em combate contra os desertores e os soldados da retaguarda se multiplicavam, eles temiam uma volta à antiga disciplina e também serem obrigados a partir para o *front*. Os dirigentes do Partido hesitavam em organizar uma manifestação que não seria do agrado dos operários. Não obstante, concordaram e redigiram um apelo, mas diante da reação hostil do Congresso dos Soviets, mudaram de parecer e no *Pravda* do dia 10, em lugar do apelo apareceu um espaço em branco. Ceretelli, como animador do Congresso, não ficou satisfeito com o sucedido: trovejava contra o "complô bolchevique", queria desarmar a "Guarda Vermelha". Dan queria exorcizar o demônio desta manifestação, organizando uma em nome dos Soviets para o dia 18 de junho. Mas para grande surpresa dos líderes do Soviet, só os bolcheviques participaram dela maciçamente, sinal de que os organizadores mencheviques e socialistas-revolucionários estavam desacreditados.

A vitória dos bolcheviques marcava uma mudança de direção na história da Revolução; pela primeira vez a rua lhes pertencera; pela primeira vez também, seguindo a opinião dos soldados mais do que a dos operários, tinham admitido o princípio de manifestações armadas, contra a maioria se preciso fosse. Somente a oposição de direita estava animada de uma tal determinação: o choque era, assim, inevitável. A direita acusava os Soviets e os bolcheviques de cumplicidade. Lenine e seus amigos verberavam o conluio da reação com os "sociais traidores". Assim aprisionados entre dois fogos, S. R. e mencheviques se indignaram com "a conjuração dos extremos". Aproximava-se a hora da guerra civil.

CAPÍTULO VI

A crise do verão de 1917
As jornadas de julho.

Ao desencadear a ofensiva de 16 de junho o governo punha em marcha um processo de retomada do controle do exército, que foi compreendido por uma parte da opinião como o primeiro ato de uma contra-revolução. Os soldados eram naturalmente os mais sensíveis a isso; os das trincheiras, todavia, eram freqüentemente paralisados pelo sentimento de solidariedade que os ligava às unidades já empenhadas no combate; na retaguarda, os soldados aptos a serem enviados para a linha de frente tinham maior liberdade de movimento: eles foram os causadores das "jornadas de julho". Bolcheviques ou anarquistas, na maioria, quiseram que a direção do partido bolchevique assumisse o encargo das manifestações. Os membros do comitê central, que eram contrários a todo movimento "prematuro", se opuseram e tentaram impedi-lo. Anarquistas e dissidentes bolcheviques agiram então a despeito deles. O partido acabou por solidarizar-se, mas nem o objetivo nem a natureza das manifestações estavam claramente definidos.

A 2 de julho, à notícia da contra-ofensiva alemã, os soldados e os operários dos subúrbios de Petrogrado começaram a excitar-se como em fevereiro. Depois, quando souberam que os ministros *cadets* tinham-se demitido sob o pretexto de que membros do governo haviam concluído um acordo com a Rada da Ucrânia, foram levados ao auge da indignação.

No Soviet, Zinoviev e Trotski censuraram os responsáveis, esses ministros *cadets,* agentes da contra-revolução no próprio seio do governo. Condenaram igualmente os membros do comitê executivo do Congresso dos Soviets e exigiram sua detenção por não terem assumido o poder total, apesar de convidados a fazê-lo há várias semanas pelas fábricas e pelos regimentos da capital.

Estes apelos a uma manifestação repercutiam num ambiente já carregado: as ameaças dos cossacos, as advertências da Igreja e dos antigos líderes da Duma (Guckov, Miliukov, Bublikov), a campanha da extrema direita, movida pela "Malenkaia Gazeta" tinham sensibilizado os soldados para os perigos de uma reação. Os da retaguarda estavam furiosos por ver a disciplina retomar seus direitos, a guerra continuar, a Revolução terminar. Estavam prontos para responder à força com a violência e os próprios bolcheviques ficaram surpreendidos e também preocupados com as reações que suas palavras de ordem tinham provocado.

Demonstrando sua cólera ao apelo do *Pravda,* os manifestantes se dirigiram para a sede dos Soviets. Reprovaram violentamente seus líderes por não se apoderarem do poder, proferiram insultos e ameaças. Cernov quis responder e quase foi linchado; escapou por um triz, graças a uma intervenção de Trotski. Logo se produziram tumultos, chocando-se de um lado os marinheiros de Kronstadt, os soldados amotinados, uma parte dos manifestantes, e de outro tropas fiéis ao Soviet e ao governo. Houve cerca de 40 mortos e mais de 80 feridos. A volta à ordem deu lugar a cenas penosas, principalmente quando, na madrugada do dia

4, o exército dispersou os operários de Putilov, suas mulheres, seus filhos, que tinham passado a noite em volta da sala do Congresso. Esses infelizes se haviam juntado à manifestação porque não tinham mais o que comer há vários dias.

A reação antibolchevique.

Sabendo que contava com a direção do Soviet, o governo procedeu da maneira mais fácil: ignorou as causas profundas do descontentamento popular e acusou os bolcheviques que, por fim, se tinham unido ao movimento e haviam organizado manifestações em toda a Rússia. Zinoviev explicou e tornou a explicar que até eles tinham sido surpreendidos por esta violência desenfreada e que tinham insistido desesperadamente junto aos manifestantes para que voltassem em ordem para casa. Jamais haviam tido a intenção de derrubar o regime e jamais tinham incitado os soldados a maltratar os líderes do Soviet. Aliás, Lenine estivera ausente da capital, prova de que ninguém esperava semelhantes incidentes. Não quiseram escutar as razões dos bolcheviques. Para produzir um efeito decisivo e dar um caráter espetacular a suas acusações, Perevercev, Ministro da Justiça, tornou públicos documentos que mostravam ser Lenine um agente do Kaiser. (Ver O Estado da Questão.) As manifestações de julho e a contra-ofensiva de Hindenburg formavam um todo: tratava-se de esmagar a Rússia e a Revolução. Certos textos pareciam acabrunhantes. O caso teve uma repercussão considerável. Lenine fugiu para a Finlândia, onde permaneceu oculto sob um disfarce, e essa fuga conferiu crédito às acusações formuladas contra ele. Trotski, Zinoviev e alguns bolcheviques foram presos.

A formação do governo Kerenski.

O príncipe L'vov encarregou Kerenski de reorganizar o governo. Seu prestígio era ainda grande, apesar da ofensiva e do fracasso desta, pois seu nome permanecia associado à vitória de fevereiro e à queda de Miliukov. Ele não tinha caído no antibolchevismo sumário de Dan, Ceretelli e Plekhanov e se apresentava como que acima dos partidos. Na realidade, era o advogado de um poder forte mas tolerante e mais que nunca hostil ao poder dos Soviets. Além disso, se gozava da simpatia do povo, não contava com a confiança dos militantes, cujas dissensões desprezava ostensivamente.

Kerenski deparou imediatamente com inúmeras dificuldades. Detido o ímpeto bolchevique, presos ou em fuga os líderes do Partido, os *cadets* se consideravam naturalmente como os vencedores do dia. Só aceitavam participar do governo sob condições: se Cernov saísse, se Kokoskine entrasse etc. Para não desempenhar o papel do último refém, Kerenski apresentou seu pedido de demissão. Esta manobra lhe permitiu constituir um governo em que predominavam os socialistas e do qual Cernov e Kokoskine tiveram que participar juntos. Entretanto, com exceção de Kerenski e Cernov, todos os ministros eram movidos por um antibolchevismo virulento. "Assim, comentava o *Novaia Zizn,** os republicanos de março" tinham explorado habilmente as infelizes jornadas de julho. Depois de se terem apoderado das primeiras linhas das trincheiras revolucionárias, haviam retomado corajosamente a marcha para a frente. Se continuassem, seria logo ouvida sua nova palavra de ordem, "supressão dos Soviets".

A palavra estava com o governo. Ele prometera combater a anarquia de esquerda e a contra-revolução de direita, mas usou dois pesos e duas medidas. Como única medida espetacular contra a reação, Kerenski afastou o general Polovcev que, depois de julho, chefiara uma repressão um tanto violenta. Em compensação, restabeleceu a pena de morte no exército (sem aplicá-la, aliás), ordenou a expulsão dos jornais revolucionários que haviam ocupado "ilegalmente" algumas impressoras, multiplicou as interdições contra os bolcheviques. A "grande calúnia" de conluio com o Kaiser justificava detenções e interdições. O *Pravda* foi posto

---

* Jornal de Gorki, de tendência menchevique-internacionalista.

sob penhora e, como no tempo do tzarismo, os jornais bolcheviques passaram à clandestinidade.

Na verdade, o antibolchevismo começava a cegar os meios dirigentes. Perevercev teve que demitir-se, não sob pressão do Soviet, por ter revelado a "venalidade" dos bolcheviques, como declarou, mas, ao contrário, por ter tornado públicos cedo demais os documentos que tinha em seu poder, privando os investigadores da possibilidade de completar suas informações. Ceretelli e Kerenski, desde então, associavam o fracasso da ofensiva à propaganda dos bolcheviques, como se eles fossem os únicos responsáveis pela desmoralização das tropas. A direita ampliava suas vantagens: agora, ela acusava Kerenski de adotar o programa bolchevique, quando na realidade ele ressuscitara os conselhos de guerra, a censura militar, o processo que permitia interditar os jornais e proibira os *meetings* na linha de frente. A tendência era para a reação: o próprio *Novaia Zizn* publicava um artigo afirmando a necessidade de devolver aos oficiais suas prerrogativas, em tempo de guerra.

A reação na Finlândia e na Ucrânia.

Assim, a "ditadura revolucionária" se revelava reacionária no plano político: os alógenos também tiveram a sua experiência. Os finlandeses, em conexão com as jornadas de julho, tinham lançado um manifesto pela indepedência. Logo depois bateram em retirada, declarando que esta moção visava apenas "preparar o futuro". Mas o governo já havia reagido: depois de dissolver a Dieta, multiplicava as detenções e ordenou novas eleições, que não deram vantagem aos socialistas. Ele agira com tal determinação porque contava com o apoio dos S. R., dos mencheviques e dos *cadets*. Seu sucesso, porém, era ilusório, pois na Finlândia grupos burgueses de autodefesa e Guardas Vermelhos já estavam passando às vias de fato, prelúdio da guerra civil.

O mesmo acontecia na Ucrânia. Reabilitados pelo fracasso das jornadas de julho, os juristas *cadets* deram uma interpretação muito restrita ao acordo concluído a 3 de julho entre o governo e a Rada. Os ucranianos reagiram convocando em Kiev um congresso dos povos da Rússia, ao qual compareceram representantes dos letões, dos buriatas, dos tártaros da Criméia. Entre os muçulmanos as tendências centrífugas já haviam vencido por ocasião do congresso de Kazan: indo ao encontro das aspìrações dos baskires, dos azeris, dos kirghizes, a Ucrânia desempenhava de ora em diante o papel de motor que podia fazer explodir todo o Estado russo.

A Conferência de Estado de Moscou.

O comitê central dos Soviets escutara as razões de Dan, Ceretelli, Avksentv, e adotou sua política de resistência aos bolcheviques, "cuja ação levava diretamente à contra-revolução". Kerenski, todavia, não desejava depender da boa vontade dos Soviets, e apressou a criação de instituições revolucionárias sobressalentes, como os conselhos administrativos dos departamentos e distritos, os conselhos municipais etc.: mais de 600 funcionavam em setembro. Ajudou os sindicatos e cooperativas e, sobretudo, para dar ampla base a seu governo, organizou a reunião de uma espécie de assembléia consultiva, a Conferência de Estado de Moscou, para a qual convidou os representantes de todas as instituições sociais russas: 488 membros das quatro Dumas, 313 delegados das cooperativas, 176 sindicalistas, 150 representantes dos bancos, do comércio e da indústria, 147 das municipalidades, 100 membros de cada categoria de Soviets. Assim, com 429 em 2 414 deputados, os Soviets, instituição revolucionária por excelência, estavam em grande minoria, mesmo se aos seus votos se acrescentassem os votos cooperativistas ou sindicalistas. A escolha de Moscou, onde as manifestações bolcheviques haviam tido pouco eco, acentuava as intenções governamentais: por isso, os bolcheviques denunciaram a Conferência de Estado como uma manobra contra-revolucionária e recusaram participar dela.

Levados a considerar que os bolcheviques haviam sido "vencidos" em julho, e esquecendo que eles eram os representantes do descontentamento da população, nem Kerenski, nem Ckeidze, nem a oposição de direita atribuíram importância ao incidente. Eles tinham os olhos fitos no General Kornilov, promovido a chefe dos exércitos russos por Kerenski um mês antes e que de ora em diante se apresentava como seu rival.

Kornilov contra Kerenski.

O Presidente do Conselho o nomeara para o comando supremo a 20 de julho. Kornilov, é verdade, desempenhara um papel equívoco em abril, mas seus sucessos de 18 de junho de 1917 tinham apagado essa lembrança. Principalmente, de todos os generais do antigo regime, Kornilov era o único a afirmar idéias republicanas e a declarar-se abertamente favorável a uma democratização do exército. Além do mais, tinha o aval de um antigo terrorista S. R., Boris Savinkov, coisa de que poucos oficiais podiam orgulhar-se. Tais eram as razões da escolha de Kerenski, que ninguém na ocasião criticou, nem no governo, nem no Soviet.

As exigências do Generalíssimo ultrapassaram imediatamente a competência de suas funções: não pedia apenas para dispor de plenos poderes no exército, queria também proceder à militarização das estradas de ferro e das fábricas de armamento, em resumo, à arregimentação da nação. O governo recusou. Como se se tratasse de um plano preconcebido, a direita e os *cadets* imediatamente criticaram Kerenski e se colocaram sob o comando de Kornilov. Incontinenti ele se tornara o ídolo da contra-revolução.

Novo Boulanger*, Kornilov era ainda mais temível porque passava por dispor de tropas fiéis e contava com a dedicação dos cossacos. Fez uma entrada estrepitosa em Moscou, flanqueado por uma guarda circassiana. A Conferência de Estado esperava seu combate com Kerenski. E não se decepcionou, pois ele atacou desde os primeiros instantes, associando a vitória da Conferência à necessidade de restabelecer a ordem na linha de frente e na retaguarda. A direita

---

* General e político francês que a 27 de janeiro de 1889, apesar do apoio do povo e do exército, hesitou em marchar contra o Elysée. (N. do T.)

se levantou para aclamá-lo. Kerenski estava preparado para agir como árbitro. Uma vez mais ele se tornou, contra vontade, o campeão da esquerda, que lhe fez por seu turno uma longa ovação. Ele encontrou acentos apaixonados para celebrar a concórdia civil e seu encanto atuou mais uma vez, conquistando toda a Assembléia.

No fim da Conferência, entretanto, a prova de força parecia inevitável.

O putsch Kornilov.

Não era isso, porém, que desejava Kornilov: ele gostaria de restabelecer a ordem sob a proteção de Kerenski, sem prejuízo de desembaraçar-se dele mais tarde. E pensava que uma manifestação na capital (talvez a 27 de agosto, por ocasião da comemoração dos seis meses da Revolução) lhe forneceria o pretexto esperado. Tomara providências para reunir batalhões de sua confiança em torno da capital, ao mesmo tempo em que enviava oficiais a Petrogrado, encarregados de provocar incidentes.

A rivalidade com Kerenski lhe complicava a tarefa; entretanto, nada mudou em seus planos.

De sua parte, irritado com o aumento das greves revolucionárias em Petrogrado, Moscou, Karkov etc., preocupado com o desembarque dos alemães no golfo de Riga, Kerenski julgou oportuno fazer uma concessão a Kornilov: aceitou a parte do seu memorando que tratava do restabelecimento da disciplina no exército. Os militares viram nesta concessão um sinal de fraqueza. Nesse meio tempo os alemães ocuparam Rig. Kornilov solicitou imediatamente que as tropas da capital, que desde a queda do Tzar estavam na dependência direta do governo provisório, lhe fossem subordinadas daí por diante. Kerenski recusou deixar-se desarmar desse modo, mas temendo manifestações bolcheviques na capital e ignorando os planos do Generalíssimo, encarregou Savinkov de uma missão: solicitava a Kornilov que dissolvesse a *União dos Oficiais da Stavka,* o que provaria seu lealismo; solicitava também o envio de reforços a Petrogrado, caindo assim no laço armado por Kornilov. Kerenski, entretanto, deixava transparecer sua desconfiança: especificava que não queria que se enviasse a Petrogrado nem a "divisão selvagem", nem o General Krilov. Kornilov não modificou em nada seu plano, que previa exatamente a intervenção de Krilov e da "divisão selvagem". Estava para executá-lo quando N. L'vov, procurador do Santo-Sínodo, ligado aos meios de Stavka, informado dos projetos de Kornilov mas leal a Kerenski, pensou ser de boa política fazê-lo compreender que era do seu interesse, de ora em diante, negociar com o Generalíssimo. Pressentindo que ia cair numa armadilha, Kerenski afetou nada perceber: utilizou os bons ofícios de L'vov, fez-se passar por ele no telégrafo, fez registrar as respostas do Generalíssimo que, pensando dirigir-se a L'vov, revelou suas intenções. Imediatamente Kerenski o destituiu publicamente, e ele, assim desmascarado, não quis passar por tolo: recusou demitir-se. A prova de força começava.

A vitória de Kerenski.

Todos os generais estavam solidários com Kornilov. Este fez avançar suas tropas, como fora previsto. Era não contar com as massas operárias, com os combatentes, que, tão logo souberam do apelo de Kerenski, sabotaram o sistema de comunicações e saíram ao encontro dos soldados de Kornilov para informá-los da tarefa que o general traidor queria que executassem. Instantaneamente Kerenski voltara a ser o chefe da Revolução. O Soviet garantia-lhe o apoio, ao passo que os bolcheviques se decidiam a sustentá-lo indiretamente, lançando esta palavra de ordem: luta contra Kornilov, não-apoio a Kerenski.

A solidariedade revolucionária funcionou inteiramente: em algumas horas o putsch foi reduzido a zero; o General Krilov se suicidava e Kornilov era preso. Os *cadets* tinham apoiado abertamente a tentativa de Kornilov, e estavam doravante desmoralizados.

Para o governo Kerenski, afastado o perigo contra-revolucionário, uma outra ameaça sombreava o horizonte: a dos bolcheviques, cuja intervenção fora decisiva. Ora, para combatê-los Kerenski não mais dispunha de nenhum contrapeso.

CAPÍTULO VII

A Kerenschina

Chama-se *Kerenschina* este período de umas dez semanas, entre o fracasso da tentativa de reação e o sucesso da insurreição bolchevique, no qual, despedaçadas pelo fluxo revolucionário, as molas do Estado e da sociedade cessaram de funcionar. Kerenski era incapaz de agir e até de decidir-se a fazê-lo. O termo Kerenschina se explica porque em russo o sufixo *-schina* acrescenta ao nome ao qual se junta uma nuança ligeiramente pejorativa.

A decomposição social.

O putsch Kornilov reduziu a zero o resto de confiança que os soldados podiam conservar em seus oficiais; desde antes de outubro estes se tornaram vítimas designadas no caso de rebentar uma guerra civil. A partir dessa data, o exército russo desapareceu como força combatente: estimulado pelo ressentimento, mal nutrido, mal vestido, não queria mais bater-se. Nem a exortação, nem a ameaça conseguiram reconduzi-lo às linhas de frente. Apenas algumas unidades não tinham sido atingidas pela decomposição, e continuavam capazes de resistir a um ataque. Batalhões de voluntários, principalmente mulheres, vieram reforçá-los, mas em vão. Para defender a capital havia também os marinheiros que, paradoxalmente, ao mesmo tempo em que pregavam a paz a qualquer preço, queriam salvar seus navios e mostrar aos oficiais que era possível não mais obedecer-lhes e ao mesmo tempo combater o inimigo.

No campo, os soldados em licença deram um novo impulso ao movimento revolucionário do campesinato. Multiplicaram-se as ações isoladas contra os proprietários. Em junho, numa época em que os "comitês locais" tinham grande autoridade, as exações individuais eram relativamente raras; em outubro, eram seis vezes mais numerosas que as expropriações decididas pelos "comitês". Em 5 700 casos de violência caracterizados durante o fim do verão e o começo do outono, mais de 4 900 foram dirigidos contra os *pomesciki;* 324 contra os camponeses remediados (kulaks), 211 contra o clero, 235 contra as autoridades locais. Embora eles próprios tenham sido vítimas de exações, os kulaks estiveram sempre solidários com os camponeses pobres durante este período da Revolução.

Não havia mais segurança nos campos. Os próprios comitês agrários não conseguiam mais fazer-se obedecer. O apelo de Nikitine, a 21 de setembro, "proibindo aos camponeses tomar a terra dos outros", aumentou sua exasperação e despertou a desconfiança atávica dos habitantes do campo contra os "burgueses" da cidade, que continuavam a querer governar por eles.

Bem antes de outubro, uma boa parte da terra estava, assim, nas mãos "daqueles que a trabalham". A agitação dos campos só cessou depois de terminada esta operação de transferência. Assim, o decreto sobre a terra, promulgado por Lenine a 26 de outubro, legitimou um fato consumado.

A decomposição do exército e a sublevação dos campos não constituíam uma ameaça direta para o governo. O mesmo não se dava com a revolta dos citadinos: em primeiro lugar, os soldados prontos a todas as violências para não voltar ao *front,* mas também os operários exasperados pelo insucesso da Revolução. A sorte da classe operária em nada havia melhorado depois de fevereiro: os trabalhadores continuavam a viver miseravelmente e nem mesmo tinham a impressão de que alguém se interessava por sua sorte. Políticos e patrões eram solidários, todos cúmplices. A reação do verão de 1917 lhes havia aberto os olhos, revelando nos dirigentes de fevereiro um gosto pela autoridade governamental que era exatamente o oposto das aspirações da população. Até o fim do mês de agosto o temor de uma provocação podia ainda justificar a consideração que se dispensava às classes dominantes. Depois do malogro de Kornilov, a atitude de Kerenski tornou-se incompreensível: em vez de usar de severidade e de tomar as medidas revolucionárias que todos os trabalhadores esperavam, ele poupava seus adversários da véspera a ponto dos bolcheviques poderem acusá-lo de ter participado pessoalmente de um complô urdido contra os Soviets e de ter, depois, mudado de campo. A atitude dos dirigentes do Soviet escandalizava ainda mais, pois era claro que Dan, Ceretelli etc., guardavam mais rancor aos bolcheviques por se terem solidarizado com os revoltosos de julho do que aos dirigentes burgueses, cúmplices da contra-revolução.

A impotência política: a Convenção Democrática.

Kerenski também não gozava do apoio incondicional dos mencheviques e dos S. R. Como o inimigo de então por diante se encontrava à esquerda, ele queria consolidar sua legitimidade e obter o apoio de todos os democratas hostis aos bolcheviques. Com este fim convocou uma Convenção Democrática, da qual foram excluídos os *cadets* e outros partidos burgueses (14 de setembro). O movimento cooperativo e os sindicatos constituíram, assim, a ala moderada da convenção e os bolcheviques, a extrema esquerda ruidosa, muito agressiva face a Kerenski, "cúmplice de Kornilov e novo Bonaparte". Os tempos tinham mudado desde fevereiro. Agora Kerenski aceitava ser responsável perante esta Convenção. Formaria ele um governo unicamente socialista? Por 766 votos contra 688, a Conferência julgou que ainda não era chegado esse tempo e pregou a formação de um governo de coalizão com a burguesia "salvo os *cadets* e todo aquele que se tivesse comprometido no caso Kornilov". Todavia, tendo sido rejeitada a exclusão formal dos *cadets,* Kerenski incluiu em seu gabinete Konovalov, Kiskine e Tretiakov, o que a extrema esquerda qualificou de provocação. Os bolcheviques declararam que somente o 2º Congresso dos Soviets poderia constituir um "verdadeiro governo".

A Convenção Democrática, porém, procedeu à eleição de um conselho da república, corpo consultivo que desempenharia o papel de assembléia, enquanto se esperava a reunião da Constituinte. Como ficou decidida a admissão dos representantes das classes censitárias, os bolcheviques recusaram-se a participar desse conselho. Compareceram à primeira sessão para censurar o governo "que, sob a direção dos contra--revolucionários *cadets* e dos imperialistas aliados... continuava uma guerra que não tinha mais sentido, condenando à morte milhares, centenas de milhares de soldados e marinheiros... e preparando a rendição de Petrogrado e o esmagamento da Revolução". Depois de aplaudir este discurso de Trotski, os 53 deputados bolcheviques abandonaram espetacularmente o Conselho, deixando-o entregue a suas deliberações.

Que poderia esperar ainda uma coalizão "democrática"?

A impotência governamental.

Impotente nos campos, desconsiderada nas cidades, sem autoridade sobre os alógenos, ela não podia agir a não ser em política exterior. Já ninguém mais acreditava, dessa data em diante, que a Conferência de Estocolmo pudesse dar resultado ou simplesmente reunir-se. Por seu lado, comprometidos depois do caso Kornilov, os governos aliados interfeririam para que a nova tentativa da reação desse bons resultados: ameaçavam Kerenski abertamente de não mais fornecer armas à Rússia se o governo não restabelecesse a disciplina no exército e no país. Sem mais ilusões sobre a finalidade da Conferência Interaliada de Londres, "que não tinha por objeto modificar os intuitos da guerra, mas procurar os meios de melhor prosseguir as hostilidades", Kerenski e Terescenko contavam obter a vitória com uma paz em separado com a Áustria. As negociações arrastavam-se e os soldados se impacientavam. Para prevenir uma insurreição, Gotz, Dan e Avksentev fizeram uma *démarche* junto a Kerenski, a 22 de outubro. Não havia mais tempo a perder, era necessário que ele desse o passo decisivo e ao mesmo tempo, proclamasse o armistício geral e concedesse a terra aos camponeses. Apresentadas ao Congresso dos Soviets, estas medidas tomariam a dianteira aos bolcheviques. Mas o governo esperava ao mesmo tempo prevenir a ação dos bolcheviques e concluir a paz com a Áustria, e não o conseguia. Além disso superestimava suas próprias qualidades e não dava o devido valor à impaciência de seus adversários e aos progressos da bolchevização.

Os progressos da bolchevização.

Os progressos da bolchevização tinham recomeçado com nova amplitude. Os mencheviques e os S. R. a subestimavam porque acreditavam que a repressão do outono de 1917 tinha enfraquecido a agressividade de seus adversários. De fato, os dirigentes do Partido estavam desde então divididos quanto à atitude a tomar: eles avaliavam menos exatamente que Lenine a que ponto as massas estavam exasperadas pelo comportamento dos homens de fevereiro.

De fevereiro a julho e a outubro.

No dia seguinte à queda do Tzar, a popularidade do Partido Bolchevique se encontrava no seu nível mais baixo. Em seguida, enquanto prevaleceu a linha Kamenev, apenas uma minoria de militantes no interior do Partido, associada aos anarquistas, atreveu-se a propor uma política mais ousada, mas foi pouco ouvida.

Todavia, a intransigência do patronato, a falta de forças do Governo Provisório deram rapidamente razão àqueles que haviam manifestado sua desconfiança no regime de fevereiro e preconizavam daí por diante "todo o poder aos Soviets". (Cf. O Estado da Questão, pp. 142-143.) O descontentamento invadia os meios operários e por isso as teses defendidas por Lenine tiveram repercussão considerável. O Partido Bolchevique recobrou sua personalidade. Doravante a radicalização da linha bolchevique e a bolchevização da opinião caminharam lado a lado. A bolchevização conquistou primeiro os operários das grandes fábricas, cuja atitude diferia da atitude dos ferroviários, levados a defender "sua Revolução" contra os ataques tanto da esquerda como da direita. As maiores federações sindicais (correios, gráficos etc.) resistiram também ao movimento e permaneceram mencheviques. Os camponeses se encaramujavam à parte, mais favoráveis aos S. R., que passavam por ser o "velho partido insurrecional" tradicionalmente preferido pelas aspirações do campo russo. Os soldados também simpatizavam com os S. R., mas os da retaguarda se passaram para os bolcheviques assim que se tornou claro que somente a política de "paz a qualquer preço" os pouparia da volta às trincheiras. No *front,* a ação de Kerenski conseguiu retardar o processo de bolchevização, mas este se tornou irresistível depois do fracasso da ofensiva. No fim do verão se produziu o mesmo fenômeno nos campos: os camponeses se aproximaram dos maximalistas e dos bolcheviques, facilmente confundidos uns com os outros, pois eram os únicos a não condenar seus "excessos".

Assim, sem que isso constituísse uma adesão formal ao bolchevismo, uma parte cada vez maior da população se separava das outras correntes socialistas e se aproximava daqueles que assumiam suas aspirações. Este movimento de opinião se refletiu na vida política. Nas vésperas das jornadas de julho havia poucos Soviets com maioria bolchevique, mas a força da oposição de esquerda crescia e a impaciência de seus elementos extremistas fez explodir a insurreição. A repressão e a revelação do "complô germano-bolchevique" provocaram um refluxo. Atingido na cabeça o

Partido acusou o golpe, mas em fins de agosto o caso Kornilov lhe permitiu sair da clandestinidade e reorganizar-se. A partir desse momento a bolchevização tomou um impulso irresistível, desde que se tornou evidente que Kerenski não atacava os contra-revolucionários como o exigia a opinião pública. A 31 de agosto, o Soviet de Petrogrado, apesar de dirigido pelos mencheviques e pelos S. R., voltava a uma política de oposição sistemática ao governo, votando uma resolução a favor do poder dos Soviets — reprovação formal da política seguida por seus dirigentes desde o mês de março. A 9 de setembro Ckeidze e a mesa tinham ficado em minoria, Trotski, chegado aos bolcheviques, fora eleito Presidente do Soviet. Da capital o movimento se estendia a Moscou, Kiev, Saratov: na província, mais de 50 Soviets adotavam resoluções idênticas.

O segundo Congresso dos Soviets devia inaugurar suas sessões a 20 de outubro. Sem nenhuma dúvida, por influência dos bolcheviques, que instigavam à ação, a maioria ia decidir "passar todo o poder aos Soviets". Como reagiriam o governo, as outras formações socialistas? A extrema direita e o exército? Não iriam opor-se pela força às decisões da "democracia"? Isto criava um problema e era preciso definir a atitude a tomar para garantir o triunfo da legalidade soviética.

Assim, durante a *Kerenschina,* as velhas molas do Estado e da sociedade cessaram de funcionar. Nestas condições, bastava que um grupo, mesmo reduzido, agisse com determinação, para exercer uma autoridade desproporcional em relação a sua força real. Kerenski tinha perfeita consciência desta situação: esperava insuflar uma nova força nos amigos do governo graças à mudança do Conselho da República. Lenine, ao contrário, contava com a neutralidade da opinião: ela deixaria a vanguarda agir e derrubar o antigo governo. Tanto para um como para outro era apenas uma questão de agir antes do adversário. Aureolado pela vitória sobre Kornilov, Kerenski tardara demasiado em reunir a Convenção Democrática, enquanto Lenine tinha o sentimento da urgência. Ele foi o mais rápido e venceu.

CAPÍTULO VIII

Os bolcheviques tomam o poder

Lenine, sob mandato de prisão desde as jornadas de julho, fugira para a Finlândia, onde vivia sob disfarce. Durante o verão, o Partido Bolchevique não cessou de perder terreno; o Governo Provisório e a reação levantavam de novo a cabeça. Quando o 6º Congresso do Partido se reuniu, no começo do mês de agosto, numa semiclandestinidade e na ausência de Lenine, somente Stalin ousou ainda defender a tese da tomada do poder.

Seus pontos de vista correspondiam aos de Lenine. Nessa ocasião, entretanto, ele não imaginava que pudessem ter uma aplicação próxima. Estava escrevendo *O Estado e a Revolução,* uma exposição em que a decadência do Estado aparecia como um ideal utópico. Seu fim inevitável se traduziria pelo advento do socialismo.

O putsch Kornilov mudou todas as perspectivas: demonstrando sua própria fraqueza, o Governo Provisório teve de procurar apoio junto aos Soviets e aos bolcheviques, únicas forças organizadas capazes de fazer

84

frente à contra-revolução. A palavra de ordem de Lenine, "não apoiar Kerenski, lutar contra Kornilov", a vitória sobre a reação, restituíram o prestígio a seu Partido. Os trabalhadores e os soldados, furiosos por não verem castigados os cúmplices do golpe de estado, perderam o resto de confiança que ainda tinham no governo. Foi no dia seguinte ao putsch Kornilov que o processo de bolchevização dos Soviets se acelerou de forma irresistível. Para Lenine, a lição era clara: doravante, privado de todo apoio por parte dos militares, Kerenski não mais poderia, como em julho, esmagar um levante das forças populares.

Lenine preconiza a insurreição.

De seu refúgio na Finlândia, Lenine não cessava de escrever ao Comitê Central do Partido. A 12 de setembro intitulava sua carta "Os bolcheviques devem tomar o poder". Mostrava que, tendo daí por diante a maioria nos Soviets de Moscou e de Petrogrado, os bolcheviques podiam e deviam fazê-lo. "Eles o podiam, porque a maioria ativa dos elementos revolucionários do povo das suas capitais bastava para arrastar as massas, para vencer a resistência do adversário, para aniquilá-lo, para conquistar o poder e para conservá-lo. Propondo imediatamente uma paz democrática, dando imediatamente a terra aos camponeses, restabelecendo as instituições e as liberdades democráticas espezinhadas e destruídas por Kerenski, os bolcheviques formarão um governo que ninguém derrubará". "Eles deviam tomar o poder... porque o Governo Provisório era incapaz de impedir a rendição de Petrogrado frente aos exércitos do Kaiser". Mais adiante Lenine concluía: "Esperar uma maioria formal seria ingênuo da parte dos bolcheviques; isto, nenhuma revolução espera. Kerenski e Cia. também não esperam; eles preparam a rendição de Petrogrado. São precisamente as lamentáveis hesitações da conferência democrática que devem fazer e farão operários de Petrogrado e de Moscou perder a paciência. Se nós não tomarmos o poder agora a história não nos perdoará".

Os bolcheviques julgaram estes propósitos inoportunos e um tanto intempestivos. Lenine lhes parecia verdadeiramente obsedado pelo gosto do poder. Aproveitaram-se de sua ausência e decidiram comparecer à Conferência Democrática e depois ao Conselho da República. Lenine manifestou seu furor: "Vocês serão traidores e miseráveis se não mandarem imediatamente ocupar as fábricas, cercar a sede da Conferência e pôr toda essa canalha na prisão". O ruidoso rompimento dos bolcheviques com o Conselho da República não o tranqüilizou tampouco. Esse se impacientava, enviava carta e mais carta ao Comitê Central, que não ligava importância. Em sua ausência, Kamenev recomendava prudência, considerando que era preciso aprender a lição das jornadas de julho e não empreender ação isolada. O 2º Congresso dos Soviets ia reunir-se a 20 de outubro, os bolcheviques teriam a maioria graças aos votos dos S. R. de esquerda. Instigados por eles, os Soviets decidiram então tomar o poder.

Este "legalismo revolucionário" punha Lenine fora de si. A 29 de setembro ele escrevia em *Rabocii Put'* um artigo intitulado "A crise está madura". Dizia: "Deixar passar a ocasião presente e esperar o Congresso dos Soviets seria uma idiotice completa e uma completa traição". Seus camaradas estavam aturdidos; não compreendiam o que ele podia ter em mente: constatando com despeito que seus camaradas não prestavam mais atenção a seus propósitos, Lenine apresentou seu pedido de demissão "para adquirir liberdade de fazer propaganda nas bases". Ele pretendia travar batalha com Kamenev e com aqueles que defendiam seus pontos de vista. A 7 de outubro voltou clandestinamente a Petrogrado. A 10, em uma reunião secreta do Comitê Central, Kamenev e Lenine expuseram cada um sua tese. Graças ao apoio de Sverdlov, que considerou um complô militar que se estaria fomentando em Mink, Lenine virou a seu favor a assembléia e o princípio de uma insurreição armada foi aprovado por 10 votos contra 2. Por sua vez, para se permitir liberdade de ação nas bases, Kamenev e Zinoviev apresentaram sua demissão. No dia seguinte distribuíram uma carta mimeografada mostrando a que riscos ele expunha o Partido "fazendo todo o seu futuro de uma única jogada".

Os bolcheviques tinham aderido ao ponto de vista de Lenine porque estavam persuadidos de que o governo tomaria uma iniciativa para impedir os Soviets de se assenhorearem do poder. Pensava-se que ele iria transferir a sede da capital para Moscou, após haver abandonado Petrogrado às tropas alemãs. Assim, invertendo os papéis e fazendo-se de patriotas, os bolcheviques declararam que queriam garantir a defesa da cidade e constituíram um centro militar revolucionário com cinco membros: Sverdlov, Stálin, Dzerzinskü, Bubnov e Uritskü. De sua parte, Trotski, Presidente de uma organização militar autônoma, originada do Soviet de Petrogrado, o Comitê Militar Revolucionário de Petrogrado (P. V. R. K.), habilmente, confiou a direção a um S.R. de esquerda; mas na composição predominavam os bolcheviques. Assim, sob a capa de uma organização que agiria em nome do Soviet, os bolcheviques poderiam dirigir a insurreição.

Entretanto, dois dias antes da reunião do Congresso, transferida para 25 de outubro, não estavam ainda estabelecidas nem suas particularidades nem a data.

A 18 de outubro Kamenev escrevia um artigo no *Novaia Zizn'*, condenando o princípio de um levante armado: "Antes do Congresso dos Soviets, seria ruinoso para o proletariado e para a Revolução". Suas palavras alertaram a opinião pública. Lenine julgou que equivaliam a uma traição. Imediatamente Martov e Dan, no Comitê executivo dos Soviets, criticaram toda ação contra os representantes da democracia. Exigiram que Trotski e os bolcheviques respondessem sim ou não: os bolcheviques estavam preparando uma insurreição? Trotski desmentira com arrogância: "O Congresso dos Soviets ia tomar o poder, estava em perigo, era preciso defendê-lo". Assim apresentados, os preparativos dos bolcheviques tornavam-se legítimos. Sendo um salvo- -conduto para o futuro, eles garantiam a existência presente dos Soviets que um governo de traição queria destruir ao entregar a capital ao inimigo.

Assim Trotski não planejava tomar a iniciativa de um ataque contra o governo, esperava que este cometesse um ato de agressão: o comitê militar estaria pronto a responder imediatamente. Aliás, o P.V.R.K. só dispunha por enquanto de meios muito incertos: "Embora numerosa, a guarnição não tinha vontade de combater. Os destacamentos de marinheiros eram pouco numerosos. À Guarda Vermelha faltava experiência".

Kerenski, por seu turno, acreditava ter o controle da situação. Tendo conseguido a hostilidade do comitê executivo dos Soviets contra os bolcheviques, julgava que os mencheviques e os S.R. o sustentariam em qualquer circunstância. Na verdade, Kamkov e os S.R. de esquerda declaravam que em caso de conflito a responsabilidade dos dois campos seria igual. L. Martov e os mencheviques de esquerda eram mais ou menos da mesma opinião. Não obstante, Kerenski pensou que podia ausentar-se para fazer uma visita de inspeção aos exércitos. De volta a 17, fora necessária a insistência de Konalov para que não partisse de novo: ele adorava essas paradas. Os ministros, exceto Kornalov e Verkhovskü, estavam confiantes. O responsável direto pela segurança em Petrogrado, Polkovnikov, era mais otimista ainda: a seu ver, os cossacos se diziam prontos a dissolver os Soviets ao primeiro alarme. Ouvindo-o, acreditava-se que seria necessário impedi-los de agir. Exatamente como Kerenski, Polkovnikov declarava desejar que os bolcheviques atacassem. Entretanto, quando Malianovitch, Ministro da Justiça, deu ordem de prender Lenine, Polkovnikov, responsável pela segurança, lhe respondeu que não tinha meios para isso.

As jornadas de outubro.

O curso dos acontecimentos tornou-se irreversível a 22 de outubro. Em sua reunião de 21, a guarnição de Petrogrado se unira ao Comitê Militar Revolucionário de Petrogrado. O quartel-general, contudo, negou-se a entrar em contato com a seção militar do Soviet. Assim, o Q.G. rompia com a guarnição "e tornava-se o instrumento direto das forças contra-revolucionárias". O P.V.R.K. lançou imediatamente um apelo à população. Toda diretiva da guarnição que não fosse subscrita pelo P.V.R.K. não era válida (22 de outubro). Desta vez Kerenski decidiu lançar um ultimato ao comitê militar: ele devia retirar seu apelo. Assim, a 22 e 23 de outubro, cada campo preparou suas armas. Embora à meia-noite de 23 o P. V. R. K. declarasse que o ultimato era aceitável em princípio, Kerenski quis dar o passo decisivo. A 24 mandava lacrar as portas do jornal bolchevique *Soldat*. O P.V.R.K. abriu-as. Era o rompimento.

O Comitê Central do Partido Bolchevique, por sua vez, se reunira em Smolny para estabelecer um plano de ação: Dzerzinskü devia ocupar os correios e telégrafos; Bubnov assegurar o controle das estações ferroviárias; Noguine estabelecer contato com a província; Sverdlov dirigir o ataque contra o Governo Provisório, garantindo a ligação com os marinheiros do Báltico e com os operários armados de Vyborg. De seu esconderijo, que só deixou a 25, Lenine enviava mensagem após mensagem. Assim o levante procederia da interferência de dois movimentos bem coordenados mas distintos, todos dois dirigidos do Instituto Smolny; um golpe de estado organizado em nome do Soviet pelo P.V.R.K. para defender a Revolução; uma insurreição proletária movida pela organização militar bolchevique e pelo comitê dos cinco para fazê-la dar um salto à frente.

A ação começou assim que o governo quis assegurar o revezamento das pontes: a Guarda Vermelha assumiu seu controle sem que os soldados esboçassem a menor resistência. Como nos correios, a substituição das autoridades se fez "por ordem do Soviet", sem derramamento de sangue. Os pontos estratégicos passaram assim de mãos sem que o governo percebesse. Mas seus centros nervosos não respondiam mais. As tropas chamadas em auxílio não chegavam e as ordens não eram mais executadas. Assim, os Junkers quiseram prender Lenine que morava então em Vyborg. Encontraram o edifício, mas enganaram-se de andar e entraram num clube operário. Imediatamente um dos membros alertou a milícia bolchevique e os Junkers foram postos sob severa vigilância. "Era deste modo que a ação governamental se transformava em desordenada, volatilizava-se, reduzia-se a nada". Uma grande revolução estava-se cumprindo e ninguém se apercebia disso. Lenine se empenhava, contudo, em que a opinião pública soubesse que as forças do Soviet tinham dado um golpe de força. Ele fez intervir a esquadra e os marinheiros.

Já noite alta, a 24 de outubro, toda a cidade estava nas mãos dos insurretos: somente o Palácio de Inverno resistia ainda. Kerenski deixou a capital para se pôr à frente de suas tropas. Mas o Estado-Maior esperava apenas uma oportunidade para vingar Kornilov, e os cossacos o abandonaram. Em breve ele teve que fugir. No dia 25 de manhã o P.V.R.K. publicou um boletim anunciando a vitória: o governo fora derrubado, o P.V.R.K. assumia o poder. (Cf. documentos 16 e 17.)

Assim estimulados, os insurretos passaram ao ataque ao Palácio de Inverno, defendido por jovens oficiais e por um batalhão de mulheres. Ao mesmo tempo, uma flotilha bolchevique subira o Neva. O cruzador "Aurora" apontou seus canhões para o Palácio de Inverno. Podvoiski, encarregado de dirigir o assalto, deixou desse episódio uma narrativa ilustrada por Eisenstein: "Foi o instante mais heróico, mais maravilhoso da Revolução. Nas trevas da noite entrecortada pelo clarões dos tiros, na fumaça opaca da pólvora, de todos os cantos das ruas adjacentes surgiam, tal como fantasmas, guardas vermelhos, marinheiros, soldados, que tropeçavam, caíam, levantavam-se, continuando sem parar um só instante seu avanço irresistível. Sufocando o crepitar das metralhadoras e dos fuzis, um poderoso hurra se ergueu, grito de vitória e de alegria repercutindo do outro lado das barricadas. A vaga humana submergiu a escadaria, as entradas, as escadas do Palácio." Eram duas horas da manhã.

Algumas horas antes o 2º Congresso dos Soviets acabava de abrir suas sessões. Desta vez a maioria mudara de campo: dos 672 delegados 390 eram bolcheviques, 160 S.R., 90 mencheviques. A atmosfera era tensa porque se ouvia a fuzilaria que crepitava em torno do Palácio de Inverno. Dan abre a sessão em nome do comitê executivo que se despede. Procede-se imediatamente à eleição do novo: são eleitos

Lenine, Trotski, Zinoviev, Lunacarski: ao todo 14 bolcheviques em 25 membros e alguns S.R. e internacionalistas de esquerda. A antiga maioria critica o golpe de força, qualificando-o de ilegítimo, e deixa o recinto. Os bolcheviques ficam senhores incontestáveis do Congresso. Lunacarski lê em seguida um "apelo" aos operários, soldados e camponeses, com o qual o Congresso ratifica a insurreição, mensagem aprovada pela unanimidade dos presentes e ratificada ao amanhecer.

Lenine, Trotski, Lunacarski surgem como os novos chefes da Revolução, e são aclamados delirantemente pelos Soviets. A 26 de outubro teve lugar a segunda e última sessão do Congresso. Lenine anunciou que a hora da revolução socialista chegara; leu seu decreto sobre a paz, "propondo a todos os povos beligerantes e a seus governos iniciarem conferências visando a uma paz justa e democrática". Propôs também seu decreto sobre a terra, que "abolia imediatamente a grande propriedade, sem indenização, e entregava a terra aos comitês agrários". Logo em seguida os Soviets elegeram um governo operário e camponês, composto exclusivamente de bolcheviques.

Ele estava constituído do seguinte modo: Presidência, Lenine; Negócios Estrangeiros, Trotski; Guerra e Marinha, Antonov Ovsenko, Krylenko, Dybenko; Instrução pública, Lunacarski; Interior, Kykov; Agricultura, Miliutine; Trabalho, Sliapnikov; Comércio e Indústria, Noguine; Finanças, Stepanov-Skvorcov; Abastecimento, Teodorovic; Nacionalidades, Stalin; Justiça, Lomov; Correios, Avilov.

Para surpresa dos próprios membros do Partido, o novo governo era formado exclusivamente de bolcheviques. E aqueles que tinham tolerado o golpe de força ou que a ele se tinham associado, já começavam a manifestar sua preocupação ou sua cólera. Estariam passando por tolos? Para dizer a verdade, anarquistas como Voline, S.R. de esquerda, mencheviques-internacionalistas, ainda não se haviam dado conta de suas desilusões. *

---

* Sobre o êxito da Revolução na província, ver a contribuição de John Keep, em *Revolutionary Russia*, ed. por Richard Pipes, NY, 1969.

A paz de Brest-Litovsk.

Quando Lenine desencadeou a insurreição de outubro, não lhe vinha à mente que a Revolução se limitaria a um só país, nem que poderia ser socialista, se reduzida à Rússia. Não que ele pretendesse estendê-la à Europa inteira, pelo menos nessa ocasião: apenas pensava que uma revolução assim circunscrita não seria viável. A tomada do poder na Rússia, o fim da guerra por uma paz democrática, a revolução proletária na Europa, tais eram, a seu ver, os elementos de um processo inelutável, inseparável.

Assim, a 8 de novembro de 1917 (27 de outubro), não foi a preocupação de salvaguardar os vínculos com os Aliados que levou Lenine e Trotski a propor a paz a todos os beligerantes. "O oferecimento devia levar inevitavelmente a um levante do proletariado contra todos os governos que se lhe opusessem." "Se acontecesse o menos provável, declarava Lenine, se nenhum beligerante aceitasse nem mesmo um armistício, então, de nossa parte, a guerra se tornaria defensiva: os russos se fariam os aliados do proletariado de todos os países dos povos oprimidos do mundo inteiro." De qualquer modo, o governo soviético seria o inspirador e a Rússia o foco da revolução mundial.

A decisão sobre a paz era um simples apelo aos governos e aos povos: Lenine sabia bem que jamais a França, a Alemanha, a Grã-Bretanha ou a Itália consentiriam numa paz sem conquistas. Ele esperava conseguir a adesão pelo menos dos Estados Unidos e da Áustria-Hungria e assim pôr em funcionamento um jogo de engrenagens. Por isso não formulou os princípios de uma paz socialista, mas os princípios de uma paz fundada no direito dos povos. Wilson compreendeu que esta mensagem lhe era destinada e respondeu com seus famosos *Quatorze Pontos*. O acordo aparente sobre os termos escondia por certo um profundo mal-entendido sobre os objetivos. Mas a partida não parecia definitivamente jogada na Rússia. Sem dúvida, o Governo Provisório não existia mais; parecia porém que os brancos de Kaledine, sublevados desde o mês de novembro, seriam dentro em pouco os senhores de todas as Rússias. Os bolcheviques tinham afastado de si toda a classe política, ao dissolver a Assembléia Constituinte *manu militari:* a maioria socialista-revolucionária julgara poder censurar os dirigentes de Outubro, como se a república democrática continuasse a sobreviver (janeiro de 1918). Eles retomaram a bandeira antibolchevista, o que acabou de desacreditá-los, mas criou a ilusão de que os bolcheviques seriam esmagados rapidamente.

Estes tinham que resolver uma contradição importante: para salvar o poder e a Revolução, era preciso concluir a paz exigida pelos soldados, pelos operários, pelos camponeses. Ora, os Aliados não aceitavam a idéia de uma negociação, combatiam-na, sustentando cada vez mais abertamente Kaledine e Denikine. Os bolcheviques seriam levados pela necessidade a concluir a paz somente com os austro-alemães. Assim fortaleceriam o imperialismo alemão, destruiriam as probabilidades da revolução na Europa, degrau indispensável à futura Europa socialista; a Revolução Russa não seria vítima, por sua vez?

A 23 de novembro Lenine e Trotski pediam o armistício. Ao mesmo tempo publicavam os tratados secretos concluídos pelos Aliados, que revelaram suas ambições de conquistas. A 7 de dezembro lançavam um apelo aos povos do Oriente, convidando a Índia, o Egito e todos os povos colonizados a sacudirem o jugo do imperialismo. Depois de se interrogarem sobre as possibilidades dos bolcheviques se manterem no poder, os austro-alemães aceitaram entrar em conversação com eles. A tática de Kamenev, de Joffe, de Trotski foi multiplicar as belas palavras, ganhar tempo a fim de que, de confraternização em confraternização, o espírito revolucionário alcançasse o exército alemão. Depois de dois meses de negociações, os alemães acabaram compreendendo que estavam sendo tolos: Trotski afirmara que não assinaria tratado de paz anexionista e, ao mesmo tempo, declarara terminado o estado de guerra. Esta atitude confundira os alemães, mas ela se explicava pela incapacidade do exército russo de voltar a combater. Efetivamente, quando a 8 de fevereiro os alemães interromperam as negociações, suas tropas não encontraram nenhuma resistência. "É a guerra mais engraçada que já vi", observa Hoffmann, que chefiava a delegação do Kaiser.

Até então Lenine deixara seu amigos agir, recomendando-lhes somente que não recomeçassem a guerra, mesmo se fosse classificada como revolucionária. Daí por diante ele se pronunciava a favor da assinatura imediata, sob não importa que condições. Estas eram muito duras: o exército soviético devia deixar a Ucrânia, a Rússia branca, concluir a paz com o governo independente de Kiev, abandonar toda pretensão sobre os países bálticos. Diante dessas exigências, Trotski pensou em apelar para os Aliados; tendo desembarcado em Arcangel, para "proteger a Rússia", eles se tornavam "objetivos" agora que a Alemanha ameaçava o país de destruição. Por sua vez, Bukharine, que continuava a julgar que a paz com a Alemanha fortaleceria o imperialismo, assassinaria a classe operária alemã, seria o dobre de finados da revolução mundial, exclamara: "Nós fazemos do Partido um monte de estrume." Com o apoio de Zinoviev, de Stalin, de Sverdlov, Lenine impôs a decisão. A 3 de março, Sokolnikov assinava o tratado que o Congresso dos Soviets ratificava por 784 votos contra 261.

Intervenção e guerra civil.

Desde novembro de 1917 Denikine levantara o Sul do país contra os vencedores de Outubro. Ele recebera apoio inesperado da "Legião Tcheca", antigos prisioneiros de guerra que tinham entrado em conflito com os Soviets locais e que o governo branco de Samara soube colocar a seu serviço. O exército branco tornava-se uma força; os Aliados o apoiaram imediatamente, acreditando que os brancos recomeçariam a guerra contra a Alemanha e fariam ressurgir um segundo *front*. As simpatias dos Aliados estavam com os brancos; entretanto, paradoxalmente, acontecia que os vermelhos, aliados ao finlandeses, combatiam os alemães mais do que o faziam Denikine e os brancos, de modo que os primeiros anglo-canadenses desembarcados em Arcangel colaboraram com os Soviets contra o inimigo comum. Mas esta situação não durou, e logo os Aliados traziam toda ajuda possível aos adversários do bolchevismo.

Os governos aliados, porém, não tinham esperado a paz de Brest-Litovsk para manifestar sua hostilidade a Lenine e a seus amigos, para intervir nos negócios internos russos. Apesar da oposição de Henderson e de Albert Thomas, tinham ajudado Kornilov contra Kerenski e reincidido na véspera de Outubro, persuadidos de que este seria obrigado a passar o poder aos militares. No dia seguinte à vitória dos bolcheviques, o rei da Rumânia propunha a seus aliados ajudar os cossacos de Kaledine, depois de tentar reunir-se, pelo Kuban, aos britânicos, que marchavam sobre Baku. Balfour e Churchill desejavam reconhecer o governo branco, pois as outras oposições, mesmo reunidas, isto é, os destroços da Assembléia Constituinte, "não eram mais que um punhado de tagarelas e de teóricos". Nessa ocasião, avaliando mais exatamente que os americanos o que significaria para o capitalismo a vitória de Lenine, o governo inglês exercia a liderança. Mas o imperialismo alemão ainda não estava vencido e Lloyd George via bem a dificuldade de tratar ao mesmo tempo com os bolcheviques contra os germano-finlandeses, e contra eles com Denikine ou Kolchack, seu sucessor.

A intervenção maciça dos japoneses, vindos para sustentar os brancos e determinados a receber retribuições na Província-Marítima, resultou na aproximação dos bolcheviques e dos alemães. Sem dúvida, o desembarque dos americanos em Vladivostok tinha por fim fiscalizar os nipônicos mais do que robustecer as forças da intervenção antibolchevique. Estas, entretanto, eram cada dia mais fortes: a 3 de junho de 1918 o Conselho Superior da Guerra Interaliada decidiu enviar à Rússia de 4 a 5 mil soldados por país "para isolar os tchecos e sustentar os brancos". Imediatamente os bolcheviques apelaram para a Alemanha: foi concluído um acordo a 25 de agosto de 1918; uma das cláusulas previa que os Soviets se absteriam daí por diante de toda propaganda nos Impérios Centrais. Assim, bem antes da época stalinista, os dirigentes bolcheviques sacrificavam a causa da revolução européia à necessidade de salvar o regime instaurado na Rússia.

Estas circunstâncias explicam suficientemente as dificuldades que os bolcheviques encontraram para vencer os exércitos de Denikine, Kolchack, Judenitch e Wrangel. O último general branco, Wrangel, resistiu até 1920. Aliados ao poder dos Soviets porque o êxito de Lenine significava a volta à paz, os "bolcheviques de Outubro" não faziam empenho em pegar em armas para defendê-lo: o regime teve as maiores dificuldades em recrutar voluntários para o novo Exército Vermelho organizado por Trotski. Na realidade, o sucesso posterior dos bolcheviques foi devido tanto ao talento militar ou político de homens como Lenine, Trotski, Dzerzinskii ou Sverdlov quanto à incurável miopia dos generais brancos: hostis às aspirações profundas da nação, esses nostálgicos da autocracia consideravam que, a partir do momento em que não tivessem mais o uso exclusivo do chicote ou do pelotão de fuzilamento, a Rússia não seria mais a Rússia e se aniquilaria.

Os Aliados, por sua vez, pretendiam provocar a queda dos Soviets, não apenas isolá-los da Europa por "um cordão sanitário" de pequenos Estados-tampões. Entretanto, soldados franceses e britânicos se amotinaram a partir de outubro de 1918, recusando-se a lutar contra o bolchevismo. Estas centelhas iriam logo multiplicar-se, suscitando nos dirigentes ocidentais uma preocupação maior ainda que a agitação mantida na própria metrópole pelos socialistas antiintervencionistas. Seu efeito simultâneo foi que em 1919 Clemenceau e Lloyd George hesitaram em enviar novas tropas à Rússia. Não iriam elas voltar à Europa e executar a revolução social? O exemplo de Cachin e de muitos outros, que voltaram entusiasmados da Rússia, criava já o mito do Paraíso dos Soviets. Como o regime bolchevique, ele iria perdurar por longo tempo.

CONCLUSÃO

Significação dos acontecimentos de outubro

É comum opor fevereiro a outubro. Efetivamente, o caráter espontâneo do movimento revolucionário é evidente por ocasião da queda do tzarismo, ao passo que, oito meses mais tarde, foi a ação das organizações políticas que desempenhou um papel decisivo.

Uma análise mais precisa revela, no entanto, que o contraste não é tão surpreendente. Em fevereiro, partidos políticos, sindicatos etc., desempenharam sem dúvida apenas um papel secundário. Eram seus ensinamentos, porém, que estavam dando frutos. Agindo como em sonhos, os homens de fevereiro sabiam de cor seus papéis. Organizaram Soviets e estabeleceram um regime conforme o ideal de uma parte do mundo revolucionário. Em outubro, é difícil de imaginar o rumo que teriam tomado os acontecimentos se, a seu modo, Lenine e seus amigos não tivessem forçado os bolcheviques e os Soviets a agir. Entretanto convém não esquecer que as massas se tinham movimentado antes.

Elas já exerciam uma parte do poder do Estado, tinham confiscado a terra, exercido controle sobre as fábricas, em resumo, tinham realizado em parte a revolução social e substituído uma violência por outra bem antes que Lenine derrubasse o governo de Kerenski.

Bastou que a ameaça da reação se projetasse, que os grandes da "democracia socialista" hesitassem em usar de rigor, que o povo resmungasse de novo contra os dirigentes, "todos uns traidores", para que, agarrando o momento oportuno, Lenine soubesse "segurar o poder no pulo e conservá-lo" (A. B. Ulam), o que pareceu um "golpe de estado" ao mundo dos militantes era na realidade uma verdadeira revolução: com as jornadas de outubro, as velhas classes dirigentes estavam definitivamente varridas da história.

Os revolucionários imaginavam que com Outubro a democracia dos Soviets instauraria o socialismo, ao passo que, sob a capa desses Soviets, Lenine instituiu a ditadura de seu Partido e somente dele. Os democratas se indignaram. Todavia, os vencedores de outubro aprovavam a ação dos operários, dos soldados, dos camponeses que realizavam a revolução social. Durante longos anos eles tiveram assim a maior parte dos trabalhadores do seu lado. Alguns dentre eles substituíram aqueles veteranos do socialismo que, inconseqüentes, se tinham levantado contra a insurreição de outubro, sob o pretexto de que ela não correspondia ao esquema ideal que tinham imaginado, da passagem da república democrática à república social. As fileiras dos bolcheviques se engrossaram assim com milhares de recém-chegados, para quem a Revolução significava o começo de uma nova vida. Como funcionários do poder soviético, aprovaram necessariamente todas as suas medidas.

Para outros, Outubro pareceu uma mistificação, porque, depois de se ter identificado com o proletariado e substituído os Soviets, o Partido Bolchevique instaurou sua ditadura; em nome do socialismo, Lenine, seus companheiros, seus sucessores ressuscitaram e fortaleceram aquela distinção entre governantes e governados que uma boa parte do povo e dos revolucionários de 1917 esperava abolir.

SEGUNDA PARTE:

ELEMENTOS DO DOSSIÊ E ESTADO DA QUESTÃO.

DOCUMENTOS

1. Manifesto de Zimmerwald (1915).
2. Programa do "bloco progressista".
3. Programa do Partido Social-Democrata.
4. Programa do Partido Socialista-Revolucionário.
5. Apelo do Soviet de Petrogrado à população da Rússia.
6. Manifesto bolchevique de 27 de fevereiro de 1917.
7. Prikaz I.
8. Primeira declaração do Governo Provisório.
9. O ponto de vista dos anarquistas.
10. Apelo do Soviet de Petrogrado aos povos do mundo inteiro (14-27 de março).
11. As *Teses de abril* de Lenine.
12. O primeiro "universal" da Rada da Ucrânia (junho de 1917).
13. O apelo do General Korlinov.
14. *A crise está madura:* Lenine expõe sua tática.
15. *Conselho de um ausente:* Lenine expõe a arte da insurreição.
16. A fuga de Kerenski.
17. Os Soviets proclamam a queda do Governo Provisório.
18. Lenine: *O socialismo é a supressão de toda burocracia.*

Documento 1:

MANIFESTO DE ZIMMERWALD (7 DE OUTUBRO DE 1915).

Trabalhadores da Europa.

A guerra dura há mais de um ano. Milhões de corpos humanos jazem sobre os campos de batalha; milhões de homens foram mutilados para sempre. A Europa tornou-se uma gigantesca morada onde os homens se matam uns aos outros. Toda a ciência e o trabalho das gerações passadas estão voltados à destruição. A mais selvagem barbárie celebra seu triunfo sobre tudo o que era há pouco o orgulho da Humanidade.

Seja qual for a verdade sobre as responsabilidades imediatas que provocaram o desencadeamento da guerra, uma coisa é certa: a guerra que causou este caos é a conseqüência das rivalidades imperialistas, das tentativas das classes capitalistas de cada nação de satisfazer seu apetite pelo lucro explorando o trabalho do homem e os tesouros da natureza.

As nações economicamente atrasadas ou politicamente fracas têm medo de ser submetidas às grandes potências que tentam, a ferro e a sangue, mudar o mapa do mundo de acordo com seus interesses. Povos inteiros e países como a Bélgica, a Polônia, os Estados balcânicos, a Armênia são ameaçados de serem anexados, inteiramente ou em parte, por ocasião do regateio das compensações.

À medida que a guerra continua, as forças que a dirigem tornam-se cada vez mais evidentes. Pouco a pouco se rasga o véu que escondia aos povos a verdadeira significação dos acontecimentos. Em cada país, os capitalistas que forjam o ouro dos benefícios de guerra com o sangue e a carne dos combatentes declaram que esta guerra é uma guerra de defesa nacional, de defesa da democracia e pela libertação das nacionalidades oprimidas. ELES MENTEM.

Na verdade, procedem aos funerais das liberdades de seu próprio povo bem como ao da independência das outras nações. São novos ferros, novas cadeias, novas cargas que eles forjam, e são os trabalhadores de todos os países, tanto vencedores como vencidos, que terão de suportá-los. O alvo anunciado no começo da guerra era uma civilização e uma vida melhor: a miséria e a privação, o desemprego e a necessidade, a subalimentação e a doença, tais são os resultados. Por anos e anos vindouros o custo da guerra absorverá o vigor dos povos, proibirá toda reforma e impedirá todo passo na direção do progresso.

A desordem intelectual e moral, o desastre econômico, a reação política, tais são as recompensas deste horrível combate entre as nações.

Assim se revela o verdadeiro aspecto do capitalismo moderno, incompatível não somente com os interesses da massa dos trabalhadores ou com o desenvolvimento histórico, mas com as condições mais elementares da existência em sociedade.

Documento 2:

PROBLEMA DO "BLOCO PROGRESSISTA" (VERÃO DE 1915).

Os abaixo-assinados, representantes dos partidos e dos grupos da Duma imperial e do Conselho de Estado, persuadidos de que só um governo forte, firme e ativo pode levar a Rússia à vitória e de que só um governo baseado na confiança é capaz de organizar uma cooperação ativa com todos os cidadãos, chegaram por unanimidade à conclusão de que, para realizar esta tarefa — a mais essencial e a mais importante — é necessário satisfazer às seguintes condições:

A formação de um governo unido, composto de pessoas que gozem da confiança do país e que estejam em harmonia com as instituições legislativas, para pôr em execução, o quanto antes, um programa definido.

Uma modificação decisiva dos métodos de governo empregados até o presente e que eram baseados na desconfiança a respeito das iniciativas, particularmente:

a) Uma estrita observância dos princípios da legalidade na administração.

b) O fim do desdobramento da autoridade civil e militar nas questões que não têm relação imediata com as operações militares.

c) A renovação do pessoal de administração local.

d) Uma política inteligente e coerente orientada para a manutenção da paz civil e o fim dos antagonismos de classe ou de raça.

Para a realização de uma tal política, as seguintes medidas devem ser tomadas na administração e na lei:

1. Por meio de anistia, o Soberano porá fim a todas as perseguições de ordem judiciária para toda causa de origem política ou religiosa que não esteja envolvida com um delito de caráter criminal. Remissão das penas e restauração dos direitos devem acompanhar esta medida, inclusive o direito de participar nas eleições para a Duma imperial, os zemstvos, os conselhos municipais... salvo para os traidores e os espiões.

2. A volta de todos os exilados administrativos (isto é, sem julgamento por razão de ordem política).

3. Cessação absoluta das perseguições religiosas de toda ordem, sob não importa que pretexto, e ab-rogação das circulares nesse sentido, limitando-se e modificando-se o sentido do decreto de 17 de abril de 1905.

4. Um ato sobre a questão russo-polonesa, que promulgaria: a ab-rogação das limitações aos direitos dos poloneses sobre todo o território da Rússia; a preparação e a introdução, o quanto antes, de uma lei sobre a autonomia da Polônia russa e a revisão simultânea da legislação sobre a propriedade na Polônia.

5. O começo da abolição das medidas contra os judeus em particular começar a preparar a abolição do Pale, facilitar o acesso dos judeus às escolas e universidades, e a ab-rogação das limitações na escolha da profissão: a restauração da imprensa judaica.

6. Uma política de apaziguamento na questão finlandesa, particularmente uma mudança do pessoal administrativo no Senado e o fim das perseguições contra os funcionários.

7. A restauração da imprensa pequeno-russa (ucraniana); a revisão dos casos dos habitantes de Galícia presos ou exilados (por exemplo, na Sibéria) e a liberação daqueles que foram presos sem ter cometido falta.

8. A restauração da atividade dos sindicatos e o fim das perseguições contra os representantes dos trabalhadores nos seguros mútuos contra a doença, sob pretexto de que pertencem a uma associação não-autorizada; a restauração da imprensa operária.

9. Um acordo do governo com as instituições legislativas para a introdução, o mais rapidamente possível:

a) De todas as leis que se relacionam com a defesa nacional, o equipamento do exército, os cuidados aos feridos, a ajuda aos refugiados e as outras questões diretamente relacionadas com a guerra.

b) De um programa legislativo imediato, tendo por fim a organização da vitória e a manutenção da paz civil; o acesso do campesinato a uma posição igual à das outras classes, a introdução de zemstvos cantonais, a revisão da lei dos zemstvos de 1890, da lei municipal de 1892, da introdução da instituição dos zemstvos nas províncias fronteiriças, por exemplo na Sibéria, em Arcangel, na região do Don, do Cáucaso etc. Leis sobre as associações cooperativas, a legislação das licenças para os empregados do comércio privado, a melhoria das condições de vida dos empregados dos correios, a confirmação da proibição do álcool e da autorização dos congressos e uniões de zemstvos; a introdução dos juizados de paz nas províncias onde não foram instalados por motivos de ordem financeira; efetivação de um conjunto de medidas administrativas julgadas necessárias ao cumprimento do programa de ação acima indicado.

Documento 3:

PROGRAMA POLÍTICO DO PARTIDO SOCIAL-DEMOCRATA.

1. A autocracia do povo, isto é, a concentração da autoridade suprema do Estado nas mãos de uma assembléia legislativa de câmara única composta de representantes do povo.

2. O sufrágio universal igual e direto em favor de todos os cidadãos e cidadãs com vinte anos de idade para a eleição da Assembléia Legislativa e de todos os órgãos administrativos

locais; o voto secreto para todos os escrutínios; o direito para todo eleitor de ser eleito para todas as instituições representativas; parlamentos eleitos por dois anos; uma remuneração aos representantes do povo.

3. Poderes muito amplos às administrações locais; a autonomia regional para todos os lugares que se diferenciam por condições de vida especial e pela composição da população.

4. A inviolabilidade da pessoa do domicílio.

5. A liberdade ilimitada de consciência, de palavra, de imprensa, de reunião de greve e de associação.

6. A liberdade de se deslocar e de escolher uma profissão.

7. A abolição das castas e a igualdade absoluta de todos os cidadãos, sem distinção de sexo, de religião, de raça e de nacionalidade.

8. O direito da população a receber uma instrução em sua língua materna, assegurado pela construção a expensas do Estado e das organizações autônomas locais, das escolas necessárias; o direito para todo cidadão de se exprimir em sua língua materna nas reuniões; a introdução da língua materna em pé de igualdade com a língua oficial, em todas as instituições locais, públicas e governamentais.

9. O direito de dispor de si próprias para todas as nacionalidades que compõem o Estado.

10. O direito para todo indivíduo de proceder judicialmente contra os funcionários, perante os tribunais.

11. A eleição dos juízes pelo povo.

12. A substituição do exército permanente pelo armamento geral do povo.

13. A separação da Igreja e do Estado assim como da Escola e da Igreja.

14. A instrução gratuita e profissional, geral e obrigatória para todas as crianças dos dois sexos até a idade de dezesseis anos; o fornecimento gratuito de alimentos pelo Estado, de roupas e de manuais escolares às crianças necessitadas.

Como condição expressa da democratização de nossa economia nacional, o Partido Operário Social-Democrata da Rússia exige a abolição de todos os impostos indiretos e a instituição do imposto progressivo sobre a renda e as sucessões.

Documento 4:

PROGRAMA POLÍTICO DO PARTIDO SOCIALISTA REVOLUCIONÁRIO.

— Reconhecimento imprescritível dos direitos do homem e do cidadão: plena liberdade de consciência, de palavra, liberdade de imprensa, de reunião e de união; liberdade de se deslocar, de escolher a profissão, de recusa coletiva de trabalhar (direito de greve); inviolabilidade da pessoa e do domicílio; direito eleitoral completo para todos os cidadãos com vinte anos de idade, sem distinção de sexo, de religião, de nacionalidade, baseado no sufrágio direto, de escrutínio secreto.

— Estabelecimento nestas bases de uma república democrática com ampla autonomia das regiões e das comunidades, tanto urbanas como rurais; possibilidade de uma larga aplicação das relações federativas entre as diferentes nacionalidades; reconhecimento de seu direito imprescritível à autodeterminação; representação proporcional; legislação popular direta (pelo referendo e pela iniciativa).

— Elegibilidade, revocabilidade e responsabilidade de todos os funcionários inclusive deputados e juízes.

— Gratuidade dos tribunais.

— Instrução laica e obrigatória para todos.

— Nas regiões de populações mistas, direito para cada nacionalidade a uma parte do orçamento proporcional à sua população, para fins culturais, e direito para cada uma de administrar sua parte.

— Separação absoluta da Igreja e do Estado, sendo a religião reconhecida como assunto particular.

— Supressão do exército permanente e sua transformação em uma milícia popular.

Documento 5:

O APELO DO SOVIET DE PETROGRADO À POPULAÇÃO DA RÚSSIA (27 DE FEVEREIRO DE 1917).

O antigo regime conduziu o país à ruína e a população à fome. Era impossível suportá-lo por mais tempo e os habitantes de Petrogrado saíram às ruas para demonstrar seu descontentamento. Foram recebidos a tiro. Em vez de pão, receberam chumbo, os ministros do Tzar lhes deram chumbo.

Mas os soldados não quiseram agir contra o povo e se voltaram contra o governo. Reunidos, apoderaram-se dos arsenais, dos fuzis e de importantes órgãos do poder.

A luta continua e deve ser levada ao fim. O velho poder deve ser vencido para ceder o lugar a um governo popular. Trata-se da salvação da Rússia.

A fim de ganhar esta luta pela democracia, o povo deve criar seus próprios órgãos de governo. Ontem, 27 de fevereiro, formou-se um Soviet de deputados operários composto dos representantes das fábricas, das oficinas, dos partidos e organizações democráticos e socialistas. O Soviet, instalado na

Duma, impôs-se como tarefa essencial organizar as forças populares e lutar pela consolidação da liberdade política e do governo popular.

O Soviet nomeou comissários para estabelecer a autoridade popular nos bairros da capital. Convidamos toda a população a' unir-se imediatamente ao Soviet, a organizar comitês locais nos bairros e a tomar em mãos a condução dos negócios locais.

Todos juntos, com nossas forças unidas, venceremos, para varrer completamente o velho governo e para reunir uma assembléia constituinte com base no sufrágio universal, igual, secreto e direto.

O SOVIET DOS DEPUTADOS OPERÁRIOS

Documento 6:

O MANIFESTO BOLCHEVIQUE DE 27 DE FEVEREIRO DE 1917.

Proletários de todos os países, uni-vos!

A todos os cidadãos da Rússia.

Cidadãos! As cidadelas do tzarismo russo caíram. A prosperidade do bando tzarista, edificada sobre os ossos do povo, desmoronou. A capital se acha nas mãos do povo sublevado. As tropas revolucionárias passaram para o lado dos insurretos. O proletariado revolucionário e o exército revolucionário devem salvar o país da ruína e da falência definitivas, que lhe reservava o governo tzarista.

Ao preço de enormes esforços, do sangue e da vida de seus filhos, o povo russo sacudiu sua servidão secular.

A tarefa da classe operária e do exército revolucionário é criar um Governo Revolucionário Provisório, que deverá pôr-se à frente do novo regime, do regime republicano que acaba de nascer.

O Governo Revolucionário Provisório deve encarregar-se de assegurar sem demora o abastecimento da população e do exército; para isto, devem ser confiscadas todas as provisões estocadas pelo antigo governo e pela municipalidade.

A hidra da reação pode ainda levantar a cabeça. A tarefa do povo e de seu Governo Revolucionário é reprimir todos os atos contra-revolucionários dirigidos contra o povo.

A tarefa urgente, imediata do Governo Revolucionário Provisório é entrar em ligação com o proletariado dos países beligerantes, tendo em vista uma luta revolucionária dos povos de todos os países contra seus opressores e escravizadores, contra os governos tzaristas e a corja capitalista, e a cessação imediata da sangrenta carnificina imposta aos povos escravizados.

Os operários das fábricas e das usinas, assim como as tropas rebeldes, devem escolher sem demora seus representantes ao governo revolucionário provisório, que deve ser constituído sob a guarda do povo revolucionário amotinado e do exército.

Cidadãos, soldados, esposas e mães! Todos à luta! À luta aberta contra o poder tzarista e seus cúmplices!

Por toda a Rússia se levanta a bandeira vermelha da insurreição! Por toda a Rússia, tomai em mãos a causa da liberdade, deitai abaixo os lacaios tzaristas, chamai os soldados à luta!

Por toda a Rússia, nas cidades e nos campos, criai o governo do povo revolucionário.

Cidadãos! Pelos esforços fraternais e unânimes dos insurretos, nós consolidamos a nova ordem nascente da liberdade sobre os escombros da autocracia!

Avante! É impossível voltar atrás! Luta sem piedade!

Alistai-vos sob a bandeira vermelha da revolução!

Viva a República Democrática!

Viva a classe operária revolucionária!

Viva o povo revolucionário e o exército rebelde!

Documento 7:

PRIKAZ I. 1.º DE MARÇO DE 1917.

À guarnição da região de Petrogrado. A todos os soldados da guarda, do exército, da artilharia e da esquadra, para fins de execução imediata e rigorosa, e aos operários de Petrogrado, a título de informação.

O Soviet de deputados operários e soldados decide:

1. Em todas as companhias, nos batalhões, regimentos, parques, baterias, esquadrões e administrações militares de toda espécie, e a bordo dos navios da esquadra de guerra, será escolhido imediatamente, por meio de eleição, um comitê de representantes entre os soldados rasos das unidades militares acima citadas.

2. Em todas as unidades militares que ainda não escolheram seus representantes ao Soviet de deputados operários, será eleito um representante por companhia que, portador de certificados escritos, se apresentará à Duma de Estado a 2 de março corrente, às 10 horas da manhã.

3. Em todos os seus atos políticos, a unidade militar obedece ao Soviet de deputados operários e soldados, e a seus comitês.

4. As ordens da comissão militar da Duma de Estado só devem ser cumpridas nos casos em que não estejam em contradição com as ordens e as decisões do Soviet de deputados operários e soldados.

5. As armas de toda espécie, tais como fuzis, metralhadoras, carros blindados etc., devem encontrar-se à disposição e sob o controle dos comitês de companhia e de batalhão, e não serão em caso algum entregues aos oficiais, mesmo no caso de intimação.

6. Nas fileiras e durante o serviço, os soldados devem observar a mais estrita disciplina militar; mas fora do serviço e das fileiras, em sua vida política, cívica e privada, os soldados não poderiam ser lesados nos direitos de que gozam todos os cidadãos.

Principalmente o "sentido" à passagem de um superior e a saudação militar obrigatória são abolidos, fora de serviço.

7. São também abolidas as fórmulas devidas aos oficiais: Vossa Excelência, Vossa Nobreza etc.; elas são substituídas por: senhor general, senhor coronel etc.

Os maus-tratos dos graduados de toda sorte relativamente aos soldados, e principalmente o tuteamento, são proibidos; todas as infrações à presente ordem, assim como todos os mal-entendidos entre oficiais e soldados, estes últimos são obrigados a levar ao conhecimento dos comitês de companhia.

Proceder à leitura desta ordem em todas as companhias, batalhões, regimentos, equipagens, baterias e outros serviços armados e auxiliares.

O SOVIET DOS DEPUTADOS OPERÁRIOS E SOLDADOS DE PETROGRADO.

Documento 8:

A PRIMEIRA DECLARAÇÃO DO GOVERNO PROVISÓRIO.

Cidadãos do Estado Russo...

Sucedeu um grande acontecimento. Pelo poderoso impulso do povo russo, o antigo regime foi derrubado. Nasceu uma Rússia livre e nova. Esta grande derrubada coroa numerosos anos de luta.

Pelo ato de 17 de outubro de 1905, sob a pressão das forças populares sublevadas, a Rússia viu serem-lhe prometidas liberdades constitucionais. Essas promessas não foram cumpridas. A Duma — porta-voz das esperanças populares — foi dissolvida. A 2ª Duma teve a mesma sorte. Impotente para destruir a vontade popular, o governo decidiu pelo ato de 3 de junho de 1907, retirar ao povo uma parte de seus direitos de participar da obra legislativa, que lhe tinha sido anteriormente concedida. No decorrer de nove longos anos, o povo foi privado, um a um, dos direitos que tinha adquirido. Uma vez mais, o país foi mergulhado num abismo de absolutismo e de arbitrariedade. Todas as tentativas de chamar à razão o governo se mostraram inúteis e o grande conflito mundial ao qual a mãe-pátria foi arrastada pelo inimigo encontrou-o num estado de desmoralização, de indiferença quanto ao futuro da pátria, alheio ao povo e mergulhado na corrupção.

Nem os esforços heróicos do exército, esmagado ao peso do caos interior, nem os apelos dos representantes do povo que se uniram face ao perigo que ameaçava a nação, puderam levar o imperador ou seu governo a um acordo com o povo. E quando a Rússia, em conseqüência da ação ilegal e fatal de seus governantes, se defrontou com os mais graves desastres, a nação foi obrigada a tomar o poder em suas próprias mãos. Em sua unanimidade, o entusiasmo revolucionário do povo, plenamente consciente da gravidade do momento, e a determinação da Duma de Estado criaram, juntos, o governo provisório. Este julga sagrados seu dever e sua responsabilidade de satisfazer às esperanças populares e de conduzir o país pelo caminho resplandecente de um regime livre e cívico.

O governo acredita que o espírito de profundo patriotismo manifestado durante a luta contra o antigo regime há de inspirar nossos valorosos soldados nos campos de batalha. De sua parte, fará tudo para prover o exército do necessário para levar a guerra até a vitória final. O governo considerará como sagradas as alianças que nos ligam às outras potências e respeitará fielmente os acordos concluídos com nossos aliados.

Ao mesmo tempo em que toma medidas para defender o país do inimigo exterior, o governo considerará como seu dever essencial deixar que se manifeste a vontade popular no que concerne à escolha de um regime político e convocará a Assembléia Constituinte o mais breve possível, à base do sufrágio universal, direto, igual e secreto, garantindo igualmente a participação nas eleições dos valentes defensores da terra de nossos antepassados, que atualmente dão seu sangue nos campos de batalha. A Assembléia Constituinte promulgará as leis fundamentais que garantam ao país direitos inalienáveis à justiça, à liberdade, à igualdade.

Compreendendo toda a gravidade desta ausência de direitos que oprime o país e constitui um obstáculo ao livre impulso criador da nação, do povo, em um momento de grande subversão nacional, o governo provisório julga necessário dotar o país imediatamente, antes mesmo da convocação da Assembléia Constituinte, de leis que assegurem a defesa da liberdade e da igualdade, o que permitirá a todos os cidadãos contribuir livremente para uma obra criadora empreendida em proveito de todos os cidadãos do país. O governo iniciará igualmente a promulgação de leis que garantirão a todos os cidadãos uma participação igual nas eleições para os órgãos de *self-governement* à base do sufrágio universal.

No momento da libertação nacional, o país inteiro lembrará com gratidão aqueles que, defendendo suas convicções políticas e religiosas, tombaram vítimas da vingança do antigo regime. E o governo provisório considera um agradável dever trazer de volta do exílio e da prisão, com todas as honras, aqueles que sofreram pelo bem da pátria.

Ao cumprir estas tarefas, o governo provisório é animado pela convicção de que assim executa a vontade popular e de que toda a Nação o sustentará em seus leais esforços para assegurar a felicidade da Rússia. Esta certeza lhe infunde coragem. O governo provisório considera que só o apoio caloroso do povo inteiro garantiu o triunfo do novo regime.

6 de março de 1917.

Documento 9:

PROGRAMA ANARQUISTA (FIM DE MARÇO DE 1917).

É o espírito destruidor
que é o espírito criador.
A libertação dos trabalhadores será a obra dos próprios trabalhadores.

OS FINS E AS TAREFAS DA REVOLUÇÃO

A revolução russa progride depressa, e, desde já, pode-se dizer com certeza que os dias do governo Guckov-Miliukov estão contados. O povo foi ensinado a manifestar com decisão sua vontade e ir até o fim, até a vitória total. Ele sabe por experiência que a uma meia-revolução lhe responderão com uma reação mais total.

Há neste momento em Petrogrado dois governos: o ministério Guckov-Miliukov que se apressou em declarar-se "soberano" e o Soviet dos deputados operários e soldados. O segundo controla o primeiro. O poder de fato se encontra nas mãos da revolução; os Srs. Guckov e Miliukov se debatem impotentes no seu amplexo vigoroso, lembrando com nostalgia o "bom velho tempo" de Nicolau, o Sanguinário, e assinam com mão trêmula os prikazes do Soviet dos deputados operários e soldados. Eles desempenham o papel de lamentáveis palhaços, que a História, para ridicularizar, cobriu com um manto vermelho escarlate. Esse manto não lhes fica bem e desejariam desembaraçar-se dele, mas, cruel, a História não o permite, segurando-os com firmeza.

Há duas semanas que esta revolução nasceu, e mais de uma vez, durante este curto período, a burguesia tentou enganá-la e traí-la. Tendo sido obrigada a expulsar o Tzar sanguinário, preocupadíssima com o "bem" do povo, ela quis salvar o trono cambaleante dos Romanov e chamou para governar e reinar o irmão do Tzar, Miguel. Mas o Soviet dos operários e dos soldados não quis. E Miguel prudentemente se afastou, aparentando submeter-se à vontade do povo. Para garantir a "fidelidade" do exército, estes senhores Miliukov e Guckov procuraram fazer nomear para o seu Alto-Comando este sátrapa provado, chefe do bando dos Cem-

Negros, * o Grão-Duque Nicolau Nicolaevitch. Mas o Soviet dos deputados operários e soldados, não quis de novo, e o Grão-Duque que tinha sua concepção própria da vontade do povo, que ele submetia, em seu tempo, ao knut e à baioneta, desta vez teve que submeter-se. Para enterrar a Assembléia Constituinte, a corja dos Guckov e Miliukov declara que ela se reunirá "depois da guerra". Mas o Soviet dos deputados e soldados decidiu, sem apelo: ela se reunirá dentro de dois meses. E o bando dos traidores profissionais dos interesses do povo prudentemente apôs sua assinatura: dentro de dois meses. No campo dos Guckov-Miliukov, já se começa a compreender que não somente não haverá condições de submeter a longínqua Constantinopla, como também será necessário talvez perder territórios que há pouco se julgava serem inalienáveis. No campo dos "nobres Aliados" cresce também um temor legítimo: eles começam a repetir para Miliukov que é necessário dispor de um "poder". Mas agora os Miliukov são impotentes, estão sem força. A revolução os esmagou, os sangrou. Eles se preparavam para detê-la e matá-la: não são mais que um morto-vivo em suas mãos.

Mas esse morto-vivo pode ainda manter forças escondidas, se não as matarem completamente. A revolução russa tem diante de si grandiosas e inumeráveis possibilidades, mas um grande perigo a ameaça. O maior perigo é ficar imóvel, mesmo por um curto instante. Interrompendo seu movimento um só instante, a revolução dará às forças reacionárias a possibilidade de se organizarem. E é isto que a revolução russa deve evitar antes de tudo. Como um furacão, deve varrer essas forças obscuras, destruí-las completamente: caso contrário, elas a destruirão.

A coexistência paralela de dois governos centralizados, a despeito da predominância evidente do governo revolucionário, é profundamente anormal e também muito perigosa para a revolução. O problema imediato da revolução é libertar-se de todo poder, seja qual for, no centro, atingir uma plena descentralização, com a bandeira da revolução social como princípio unificador.

Ela deve declarar-se imediatamente maximalista e social: preparar a revolução comunista, decretar imediatamente o fim da guerra, o fim da ordem capitalista e, pela ação direta revolucionária, afirmar e fortalecer sua vocação socialista. A autoridade moral de uma tal revolução será formidável, e todo o povo trabalhador, como um só homem, se levantará juntamente com ela.

Somente uma revolução como esta poderá ousadamente não dar importância a uma decomposição militar. Com a rapidez do relâmpago, ela chegará até os recantos mais distantes do planeta, será por toda parte acolhida pelos povos com alegria e assegurará a emancipação da humanidade acorrentada.

* Organização clandestina. (N. do T.)

O povo sublevado está submetido, presentemente, a numerosas e variadas pressões. Prisioneira de um impasse, a burguesia se esforça para persuadi-lo da necessidade de reformas políticas, e, obsequiosamente, lhe propõe que seja competência de uma assembléia constituinte determinar a nova forma de poder ao qual, por assim dizer, ele decidiria, no futuro, submeter-se. Ela espera assim poder servir-se dos preconceitos religiosos e dinásticos do povo para fortalecer o mais possível seu próprio reinado. Além disso, acalenta a esperança secreta de conseguir explorar o sentimento patriótico e o senso de Estado da população para prolongar esta guerra criminosa.

Ao lado da burguesia está a social-democracia internacional. Uma de suas tendências, a que chamam social-patriótica, segue inteiramente a burguesia. Ela também é imperialista, belicista, e sem dúvida conservadora. Ela chama os trabalhadores a um massacre mútuo, a uma guerra "até o fim", dizendo-lhes que a hora da revolução não chegou, que é preciso "salvar a pátria" e conclama o povo a unir-se sob a bandeira dos Guckov e dos Miliukov, como há pouco o conclamava a unir-se sob os estandartes de Nicolau, o Sanguinário.

Uma outra parte da social-democracia diverge da burguesia imperialista na questão da guerra. No domínio da política estrangeira, ela exibe as palavras de ordem da burguesia pacifista, exigindo o fim da guerra e a conclusão de uma paz "sem anexações". Mas seu programa político está muito próximo do programa da burguesia imperialista. Na hora presente, na melhor das hipóteses, ela exige a república, mas na pior, se contentaria com uma monarquia constitucional. Agora, diante das liberdades obtidas, ela até cessou de falar de revolução social e fala somente da necessidade de instaurar, na Constituinte, as mais amplas reformas políticas possíveis. Partindo desta premissa errônea de que a revolução é "burguesa", ela pratica a tática da "pressão" sobre a burguesia; a tática de Plekhanov em 1906 para "empurrar a burguesia para a esquerda".

‘ Apenas a parte mais insignificante da social-democracia permanece fiel ao socialismo e chama o povo a tentar transformar a revolução atual em revolução social. Mas ela não é inteiramente conseqüente e chega a ser equívoca, pois, a despeito de suas concepções socialistas, guarda como reserva a alternativa burguesa. Ela não rejeita o princípio do programa mínimo, e, em caso de fracasso da revolução social, se acomodará facilmente a reformas democráticas burguesas que lhe garantirão, para o futuro, a possibilidade da colaboração de classe com a burguesia nos quadros de instituições relativamente liberais.

Quais são nossas tarefas na revolução atual? Elas decorrem de nossas concepções anarquistas. Nós somos os eternos e inconciliáveis adversários do Capital. Julgamos que não pode haver liberdade efetiva a não ser com o aniquilamento

112

da ordem capitalista e do Estado. E temos que fazer compreender ao povo que o aumento de seus direitos políticos não mudará nada em sua sujeição de fato. Temos que mostrar ao povo a inutilidade e o absurdo da tática "empurrar a burguesia para a esquerda". Nossa tarefa histórica é empurrar o proletariado para a esquerda para que ele empurre a burguesia para o precipício.

A palavra de ordem da Assembléia Constituinte, defendida pela social-democracia, é um *slogan* burguês. Não tem por objetivo a supressão da exploração do povo pela burguesia, mas um compromisso com a burguesia, que daria a esta exploração uma nova força política.

Apesar das aparências revolucionárias, o Soviet dos deputados operários e soldados não libertará os trabalhadores, se, de fato, não realizar um programa efetivamente maximalista, anticapitalista.

A libertação dos trabalhadores só pode cumprir-se por uma revolução social, e sua realização constitui a tarefa mais urgente dos trabalhadores da Rússia. A revolução russa deve ter as mãos livres, e descentralizar-se. Sua salvação reside unicamente na instauração imediata e tornada pública imediatamente do regime comunista e no reforço da ação direta. A Rússia toda deve organizar-se em uma rede de comunas revolucionárias e soberanas, que, ocupando as terras e as fábricas, expropriarão a burguesia, suprimindo também a propriedade privada.

Somente esta revolução social pode conduzir os trabalhadores à vitória sobre a burguesia e à completa libertação. Uma reforma de Estado burguesa, mesmo conduzida até os limites extremos do democratismo, não libertará os trabalhadores, mas apenas conduzirá a uma nova vitória da burguesia sobre as massas.

Viva a revolução social.

Viva o comunismo anarquista.

(*Opúsculo inédito.*)

Documento 10:

APELO DO SOVIET AOS POVOS DO MUNDO INTEIRO.

14 de março de 1917.

Camaradas proletários, trabalhadores de todos os países...,

Nós, soldados e operários russos, unidos no seio do Soviet dos deputados operários e soldados, vos enviamos nossas saudações calorosas e vos informamos de um grande acontecimento. A democracia russa derrubou o despotismo dos Tzares e entra na família das nações como membro igual aos outros e como uma força poderosa no combate pela libertação de todos nós. Nossa vitória é uma grande vitória em prol da liberdade e da democracia. O pilar da reação no mundo, o "Gendarme da Europa" não existe mais.

Possa ele estar enterrado para sempre. Viva a Liberdade. Viva a solidariedade internacional do proletariado e Viva sua luta pela vitória final.

Nossa obra não está terminada: as sombras do antigo regime não se dissiparam totalmente e numerosos são os inimigos que preparam suas forças para subjugar a Revolução Russa. Contudo, nossos êxitos já são consideráveis. Os povos da Rússia manifestarão sua vontade em uma assembléia constituinte que logo será convocada, baseada no sufrágio universal, direto, igual e secreto. Já se pode predizer confiantemente que uma república democrática se instaurará na Rússia. O povo russo possui agora uma liberdade política total. Ele pode afirmar seu poder total tanto nos assuntos internos como nos externos.

Assim, apelando a todos os povos destruídos e arruinados por esta guerra monstruosa, dizemos que é chegada a hora de travar um combate decisivo contra as ambições anexionistas dos governos de todos os países; é chegado para os povos o tempo de tomar em suas mãos as decisões no que concerne às questões de paz e de guerra.

Consciente de seu poderio revolucionário, a democracia russa anuncia que se oporá à política de conquista de suas classes dirigentes por todos os meios e convida os povos da Europa a uma ação comum e decisiva em favor da paz.

Apelamos igualmente a nossos irmãos, os proletários da coalizão autro-alemã e, acima de tudo, ao proletariado alemão. Desde os primeiros dias da guerra, eles asseguram que ao pegar em armas, estavam garantindo a defesa da civilização européia ameaçada pelo despotismo asiático. Muitos dentre vós viram nisso uma justificação para o apoio que deram à guerra. Mas agora esta justificação não tem mais valor: a Rússia democrática não pode ser uma ameaça para a liberdade e a civilização.

Defendemos com firmeza nossa liberdade contra todas as tentativas da reação, no interior como no exterior. A Revolução Russa não recuará diante das baionetas dos conquistadores, e não se deixará esmagar pelos exércitos estrangeiros.

Mas apelamos para vós: desembaraçai-vos do jugo de vosso governo semi-autocrático, como o povo russo varreu a autocracia tzarista; recusai manejar os instrumentos da conquista e da violência entre as mãos dos monarcas, dos proprietários, dos banqueiros; então, unindo nossos esforços, deteremos a horrível carnificina que é a vergonha da humanidade e ensombrece os grandes momentos do nascimento da Liberdade russa.

Trabalhadores de todos os países: estendendo irmãmente nossas mãos por sobre as montanhas dos corpos de nossos mortos, por sobre os rios de lágrimas e de sangue inocente, por sobre as ruínas ainda fumegantes das cidades e das aldeias, por sobre os tesouros destruídos, nós vos fazemos um apelo para restaurar a unidade internacional. Essa é a garantia de nossas vitórias futuras e da completa libertação da Humanidade.

Proletários de todos os países, uni-vos.

O SOVIET DOS DEPUTADOS OPERÁRIOS
E SOLDADOS DE PETROGRADO.

AS TESES DE ABRIL.

1. Nossa atitude para com a guerra que, do lado russo, sob o novo governo L'vov e Cia., em razão do caráter capitalista desse governo, permaneceu incontestavelmente uma guerra imperialista de pilhagem, não admite nenhuma concessão, por menor que seja, ao "defensismo revolucionário".

A uma guerra revolucionária que justificasse realmente o defensismo revolucionário, o proletariado consciente não pode dar seu consentimento a não ser com a condição:

a) Da passagem do poder às mãos do proletariado e dos elementos pobres do campesinato, semelhantes ao proletariado;

b) Da renúncia efetiva e não apenas em palavras a todas as anexações;

c) Do rompimento completo, efetivo, com todos os interesses do Capital.

Diante da inegável boa fé das grandes camadas de partidários do defensismo revolucionário nas massas, que só admitem a guerra por necessidade e não visando a conquistas, e dado que estas massas são enganadas pela burguesia, importa explicar-lhes com um cuidado especial, com perseverança e paciência, o erro em que laboram, explicar-lhes o laço indissolúvel do Capital e da guerra imperialista, demonstrar-lhes que, sem derrubar o Capital, é impossível terminar a guerra por uma paz verdadeiramente democrática e não imposta pela violência.

Organização da mais ampla propaganda destes pontos de vista no exército ativo.

Confraternização.

2. O que há de particular na atualidade russa é a transição da primeira etapa da revolução, que deu o poder à burguesia em conseqüência do grau insuficiente de consciência e de organização do proletariado, à segunda etapa, que deve colocar o poder nas mãos do proletariado e das camadas pobres do campesinato.

Esta transição é caracterizada, de um lado, pelo máximo de legalidade (a Rússia é, neste momento, de todos os países beligerantes, o país mais livre do mundo); de outro, pela ausência de violência exercida sobre as massas e, enfim, pela atitude de confiança inconsciente das massas em relação ao governo dos capitalistas, os piores inimigos da paz e do socialismo.

Esta situação particular exige de nós que saibamos adaptar-nos às condições especiais de trabalho do Partido no seio de massas proletárias imensas, apenas despertadas para a vida política.

3. Nenhum apoio do governo provisório, demonstração do caráter inteiramente mentiroso de todas as suas promessas, e sobretudo daquelas relativas à renúncia às anexações. Desmascarar o governo em lugar de "exigir" — o que é inadmissível, pois seria semear ilusões — que esse governo, governo dos capitalistas, cesse de ser imperialista.

4. Reconhecer que nosso Partido está em minoria, e por enquanto em fraca minoria, na maior parte dos Soviets de deputados operários, diante do bloco de todos os elementos pequeno-burgueses oportunistas, submetidos à influência da burguesia e que estendem esta influência sobre o proletariado, desde os socialistas-populistas passando pelos socialistas-revolucionários até a comissão de organização (Ckeidze, Ceretelli etc., Steklov etc., etc.).

Explicar às massas que os Soviets de deputados operários são a única forma possível de um governo revolucionário e que por conseguinte nossa tarefa, enquanto este governo permanecer submetido à influência da burguesia, não pode ser senão explicar pacientemente, sistematicamente, com obstinação, às massas, os erros da tática dos Soviets, explicação referente sobretudo a suas necessidades práticas.

Enquanto estamos em minoria, fazemos um trabalho de crítica e de esclarecimento dos erros, afirmando ao mesmo tempo a necessidade da passagem de todo o poder de Estado aos Soviets de deputados operários, a fim de que as massas se libertem, pela experiência, de seus erros.

5. Não República parlamentar — a volta a esta depois dos Soviets de deputados operários seria um passo atrás — mas República dos Soviets de deputados operários, assalariados agrícolas e camponeses, no país inteiro, de cima abaixo.

Supressão da polícia, do exército e do quadro de funcionários (isto é: substituição do exército permanente pelo povo armado).

Elegibilidade e revocabilidade, a qualquer momento, de todos os funcionários; seus vencimentos não devem ser superiores ao salário médio de um bom operário.

6. No programa agrário, transferir o centro de gravidade para os Soviets de deputados dos assalariados agrícolas.

Confisco de todos os domínios dos proprietários de bens de raiz.

Nacionalização de todas as terras no país: as terras são postas à disposição dos Soviets locais de deputados dos assalariados agrícolas e dos camponeses. Formação de Soviets de deputados dos camponeses pobres. Criação em toda grande propriedade (de 100 a 200 hectares, tendo em conta as condições locais e outras e o parecer das instituições locais) de explorações-modelo, postas sob o controle do Soviet de deputados agrícolas e trabalhando por conta da comunidade.

7. Fusão imediata de todos os bancos do país em um só banco nacional, posto sob o controle do Soviet de deputados operários.

8. Não a "instauração" do socialismo, como nossa tarefa imediata, mas simplesmente a passagem imediata do controle da produção social e da repartição dos produtos pelo Soviet de deputados operários.

9. Tarefas do Partido:

a) Convocar imediatamente o Congresso do Partido;

b) Modificar o programa do Partido, principalmente:

1. Sobre o imperialismo e a guerra imperialista.

2. Sobre a atitude para com o Estado e nossa reivindicação de um "Estado-Comuna" (isto é, de um Estado do qual a Comuna de Paris foi a prefiguração).

3. Corrigir o antigo Programa Mínimo, que está obsoleto.

c) Mudar a denominação do Partido (em vez de "social-democrata", cujos chefes oficiais — "defensistas" e "kautskistas hesitantes" — traíram o socialismo no mundo inteiro e se passaram para a burguesia; deve chamar-se Partido Comunista).

10. Renovar a Internacional.

Documento 12:

O PRIMEIRO UNIVERSAL DA RADA.

Kiev, 10 de junho de 1917.

Povo ucraniano, camponeses, operários, trabalhadores:

Vossa vontade fez de nós, a Rada Central da Ucrânia, a depositária dos direitos e das liberdades da Ucrânia.

Vossos melhores filhos, eleitos pelas aldeias, pelas fábricas, pelos regimentos, por todas as comunidades ucranianas, nos elegeram, a Rada Central da Ucrânia, e depositaram sua confiança em nós para defender seus direitos e suas liberdades.

Vossos eleitos assim exprimem suas vontades:

Que a Ucrânia seja livre; sem separar-se completamente da Rússia, sem romper com o Estado russo, que o povo ucraniano tenha o direito de dispor de seu próprio futuro em seu território. Que uma Assembléia Nacional Ucraniana (Sejm), eleita por sufrágio universal, igual, secreto e direto, estabeleça a ordem e institua um regime na Ucrânia. Somente nossa assembléia ucraniana deve ter o direito de formular as leis que serão o fundamento deste regime.

As leis que instaurarão o regime do Estado russo no seu todo devem emanar de um parlamento pan-russo.

Ninguém sabe melhor que nós aquilo de que temos necessidade e quais são as leis que mais nos convêm. Ninguém sabe melhor que nossos camponeses como dispor de nossa própria terra. Por conseguinte, desejamos que, depois que todas as terras da Rússia tenham sido confiscadas como propriedade nacional — grandes propriedades da Igreja, do Estado, da Coroa etc. — o direito de controlar nossas terras ucranianas, de utilizá-las, nos pertença a nós, a Assembléia Ucraniana (Sejm).

Assim falaram aqueles que nos elegeram para representar toda a Ucrânia.

Tendo falado assim, eles elegeram a Rada Central da Ucrânia e nos disseram para nos conservarmos à frente de nosso povo, para garantir seus direitos e criar uma nova ordem em uma Ucrânia livre e autônoma.

Nós, a Rada Central da Ucrânia, cumprimos o desejo de nosso povo e tomamos sobre nós o pesado fardo de construir uma vida nova, e nos pusemos à obra.

Esperávamos que o Governo Central Provisório russo nos ajudasse em tal tarefa, para que juntos pudéssemos organizar nosso país.

Mas o Governo Provisório russo desprezou todos os nossos pedidos; ele não admite não ter em seu poder o povo ucraniano.

Nós enviamos nossos delegados a Petrogrado para apresentar ao Governo Provisório russo nossos pedidos: os principais eram os seguintes:

Que o Governo Provisório russo declare publicamente, por um ato especial, que não é contra a liberdade nacional da Ucrânia, contra o direito de seu povo à autonomia.

Que o Governo Central russo tenha em seu gabinete um comissário para os negócios ucranianos para todas as questões relativas à Ucrânia.

Que a autoridade local, na Ucrânia, seja um representante do Governo Central russo, o comissário na Ucrânia que nós teremos eleito.

Que uma certa parte do dinheiro arrecadado pelo Tesouro na Ucrânia volte aos ucranianos para que eles possam satisfazer suas necessidades nacionais e culturais.

Todos estes pedidos foram recusados pelo Governo Central russo.

. . .

Agora, povo ucraniano, nós somos assim obrigados a construir nosso próprio futuro...

. . .

A partir de agora, cada aldeia, cada volost *, cada comunidade, ... que defende os interesses do povo ucraniano deve ter as mais estreitas relações com a Rada Central.

Por toda a parte em que, por alguma razão, a autoridade administrativa permaneça nas mãos de pessoas hostis à ucranização, determinamos que os cidadãos ucranianos, depois de informações... reelejam uma administração... Nos lugares onde os ucranianos vivem em comunidade com cidadãos de outra nacionalidade, propomos que os ucranianos estabeleçam relações e concluam acordos com as organizações democráticas desses grupos não-ucranianos, e que, todos juntos, estabeleçam os fundamentos de uma vida nova...

...Mais tarde,... essas leis serão levadas à aprovação da assembléia constituinte pan-russa.

Nós temos necessidade de força para poder agir... E, para o êxito de nosso empreendimento, necessitamos, antes de tudo, de dinheiro. Até hoje, os ucranianos ofereciam todas as suas disponibilidades ao Tesouro russo; e o povo ucraniano ... nada tinha em recompensa.

A Rada Central ucraniana ordena, por isso, que todos os cidadãos dos campos e das cidades, que todas as instituições públicas e privadas paguem de ora em diante uma taxa especial ao tesouro da Rada ucraniana.

Documento 13:

APELO DO GENERAL KORNILOV (25 DE AGOSTO DE 1917).

Povo russo.

A mãe-pátria está em perigo.

Aproxima-se a hora final.

Obrigado a manifestar-me abertamente, eu, General Kornilov, declaro que o Governo Provisório age sob a pressão da maioria bolchevique dos Soviets, de pleno acordo com o Estado--Maior alemão, que por um lado organiza um desembarque... nas costas de Riga, por outro destrói o exército e desorganiza o país.

A consciência trágica da inevitável destruição do país me ordena (...) apelar ao povo russo para que salve a pátria em perigo. Que aqueles cujo coração bate pela Rússia, que aqueles que acreditam em Deus e em suas igrejas rezem a Nosso Senhor para que se realize o maior dos milagres: a salvação de nossa terra natal.

Eu, General Kornilov, filho de um camponês cossaco, declaro a todos que, pessoalmente, nada desejo, senão a proteção da Grande Rússia.

Eu juro que, graças a esta vitória sobre o inimigo, poderei dar ao povo aquela assembléia constituinte onde ele

---

* Distrito rural.

decidirá seu próprio destino e escolherá sua própria forma de governo.

Não posso permitir que os russos sejam entregues às mãos de seu inimigo histórico, as tribos germânicas, nem permitir que a Rússia se torne escrava da Alemanha.

Documento 14:

"A CRISE ESTÁ MADURA."

....

V

Sim, os chefes do comitê executivo central aplicam uma tática justa de defesa da burguesia e dos proprietários de imóveis. E é fora de dúvida que os bolcheviques, se se deixassem apanhar na armadilha das ilusões constitucionais, da "fé" nos Congressos dos Soviets e na convocação da Assembléia Constituinte, na armadilha da "espera do Congresso dos Soviets" etc. — não há dúvida que esses bolcheviques seriam traidores desprezíveis da causa do proletariado.

Eles seriam traidores desta causa, pois por sua conduta trairiam os operários revolucionários alemães que começaram a revoltar-se na esquadra. Nestas condições, "esperar" o Congresso dos Soviets etc., é trair o internacionalismo, trair a causa da revolução socialista internacional.

Porque o internacionalismo não consiste em palavras, em expressões de solidariedade, em resoluções, mas em atos.

Os bolcheviques seriam traidores do campesinato, porque tolerar que um governo que o próprio Delo Naroda compara ao de Stolypine esmague o levante camponês, é perder toda a revolução, perdê-la para sempre e sem remédio. Clama-se contra a anarquia e a indiferença crescente das massas: como as massas poderiam não ser indiferentes às eleições, quando o campesinato foi levado a revoltar-se por causa delas, e quando a pretendida "democracia revolucionária" tolera pacientemente que esta revolta seja esmagada pelas armas!

Os bolcheviques seriam traidores da democracia e da liberdade, porque tolerar a repressão do levante camponês em um tal momento, é permitir que se falsifiquem as eleições para a Assembléia Constituinte, exatamente como o foram, de modo ainda pior e mais grosseiro, a "conferência democrática" e o "pré-parlamento".

A crise está madura. Todo o futuro da Revolução Russa está em jogo. Toda a honra do Partido Bolchevique está em questão. Todo o futuro da revolução operária internacional pelo socialismo está em jogo.

A crise está madura...

29 de setembro de 1917.

Até aqui pode-se publicar o texto; a continuação será distribuída aos membros do Comitê Central, do comitê de Petrogrado, do comitê de Moscou e dos Soviets.

VI

Que fazer? É preciso *aussprechen was ist,* "dizer o que é", reconhecer a verdade, isto é, que existe entre nós, no Comitê Central e nos meios dirigentes do Partido, uma corrente ou uma opinião a favor da espera do Congresso dos Soviets e contrária à tomada imediata do poder, contrária à insurreição imediata. É preciso vencer essa corrente ou essa opinião.

Do contrário, os bolcheviques se desonrariam para todo o sempre e seriam reduzidos a zero como partido.

Porque, deixar escapar a ocasião presente e "esperar" o Congresso dos Soviets seria uma idiotice completa ou uma completa traição.

Completa traição para com os operários alemães. Nós não vamos esperar igualmente o início da revolução deles. Então, até os Lieber-Dan desejarão "sustentá-la". Mas ela não pode começar enquanto Kerenski, Kichkine e companhia estiverem no poder.

Completa traição para com o campesinato. Quando temos os Soviets das duas capitais, deixar esmagar o levante camponês, é perder e merecer perder toda a confiança por parte dos camponeses; é pôr-se aos olhos dos camponeses no mesmo plano que os Lieber-Dan e outras canalhas.

"Esperar" o Congresso dos Soviets é uma idiotice completa, porque é deixar passarem-se as semanas; ora, no momento atual, as semanas e mesmo os dias decidem tudo. É renunciar covardemente à tomada do poder, porque a 1 e a 2 de novembro isso será impossível por razões ao mesmo tempo políticas e técnicas: reunirão os cossacos para o dia estupidamente "marcado" * da insurreição.

"Esperar" o Congresso dos Soviets é uma idiotice, porque o congresso NÃO DARÁ NADA, nada pode dar!

O valor "moral"? Muito bem! O "valor" das resoluções e das conversações com os Lieber-Dan, quando sabemos que os Soviets são pelos camponeses e que se esmaga o levante camponês! Com isso reduziríamos os Soviets ao papel de desprezíveis tagarelas. Primeiro vençam Kerenski, depois convoquem o Congresso.

---

* "Convocar o Congresso dos Soviets a 20 de outubro para decidir "a tomada do poder", não é o mesmo que "fixar" tolamente a data da insurreição? Pode-se tomar o poder hoje, mas de 20 a 29 de outubro, não os deixarão tomá-lo.

A vitória da insurreição está agora garantida aos bolcheviques: 1) nós podemos * (se não "esperarmos" o congresso dos Soviets) atacar de improviso a partir de três pontos: de Petrogrado, de Moscou, da esquadra do Báltico; 2) nós temos palavras de ordem que nos asseguram o apoio das massas: abaixo o governo que esmaga o levante camponês contra os proprietários de imóveis! 3) nós temos a maioria no país; 4) a confusão é total entre os socialistas-revolucionários e entre os mencheviques; 5) nós temos a possibilidade técnica de tomar o poder em Moscou (que podia até começar a fim de vibrar no inimigo um golpe imprevisto); 6) nós temos em Petrogrado milhares de operários e de soldados em armas que podem de um só golpe apoderar-se ao mesmo tempo do Palácio de Inverno, do quartel-general, da central telefônica e de todas as grandes impressoras; não nos expulsarão de lá, — e a agitação no exército será tal que será impossível combater esse governo da paz, da terra aos camponeses etc.

Se atacarmos de uma só vez, inesperadamente, a partir de três pontos, em Petrogrado, em Moscou, na esquadra do Báltico, teremos noventa e nove chances em cem de vencer com menos perdas do que tivemos a 3-5 de julho, porque as tropas não marcharão contra um governo de paz. Mesmo se Kerenski já tiver uma cavalaria "fiel" etc., em Petrogrado, em face de um ataque vindo de dois lados e diante da simpatia do exército para conosco, Kerenski será obrigado a render-se. Se com nossas chances de hoje não nos apoderarmos do poder, todos os propósitos sobre o poder dos Soviets são apenas mentira.

Não tomar o poder agora, "esperar", tagarelar no Comitê executivo central, limitar-se a "lutar pelo órgão" (o Soviet), "lutar pelo congresso", é causar a ruína da revolução.

Tendo o comitê central deixado sem resposta minhas instâncias a esse respeito desde o início da Conferência Democrática, e como o órgão central suprime em meus artigos as indicações que dou sobre os erros gritantes dos bolcheviques, tais como a decisão desonrosa de participar do pré-parlamento, a atribuição de uma cadeira aos mencheviques no Presidium do Soviet etc., etc., é-me forçoso ver nisso uma alusão "delicada" à recusa do Comitê Central até mesmo de debater a questão, uma alusão delicada ao amordaçamento e ao convite para me retirar.

Devo apresentar meu pedido de demissão do Comitê Central, o que faço reservando-me o direito de fazer propaganda, nas fileiras do Partido e no Congresso do Partido.

Porque minha convicção mais profunda é que, se "esperarmos" o Congresso dos Soviets e deixarmos escapar a ocasião agora, provocaremos a ruína da revolução.

* Que fez o Partido para estudar os acantonamentos das tropas etc.? para tratar a insurreição como uma "arte"? — nada, a não ser conversações no Comitê executivo central etc.!

P.S. Toda uma série de fatos atestam que mesmo as tropas cossacas não marcharão contra o governo da paz! Mas quantas são elas? Onde estão elas? E o exército inteiro, não equipará unidades para nós?

Documento 15:

CONSELHO DE UM AUSENTE.

Escrevo estas linhas a 8 de outubro, sem grande esperança de que elas estejam a 9 entre as mãos dos camaradas de Petrogrado. Pode ser que cheguem muito tarde para o Congresso dos Soviets da região do Norte, que foi marcado para 10 de outubro. Procurarei entretanto dar estes "conselhos de um ausente", para o caso em que a ação provável dos operários e dos soldados de Petrogrado e de todos os "arredores" se manifestasse logo, mas ela ainda não se manifestou.

É claro que todo o poder deve passar aos Soviets. Deve ser igualmente indiscutível para todo bolchevique que o poder revolucionário proletário (ou bolchevique, o que vem a dar na mesma, hoje) conta com a maior simpatia e com o apoio incondicional dos trabalhadores e dos explorados do mundo inteiro, particularmente daqueles dos países beligerantes, e sobretudo do campesinato russo. Não vale a pena determo--nos sobre estas verdades por demais conhecidas de todos e demonstradas há muito tempo.

Precisamos deter-nos sobre um ponto que talvez não esteja completamente claro para todos os camaradas, a saber, que a passagem do poder aos Soviets significa de fato, hoje, a insurreição armada. A coisa poderia parecer evidente; mas nem todo mundo examinou em profundidade este ponto e não o examina. Renunciar agora à insurreição armada significaria renunciar à palavra de ordem essencial do bolchevismo (todo o poder aos Soviets) e ao internacionalismo revolucionário proletário em seu todo.

Ora, a insurreição armada é uma forma particular da luta política; ela está sujeita a leis especiais, que é preciso estudar atentamente. Esta verdade, Karl Marx a exprimiu brilhantemente, quando escrevia que "a insurreição armada, como a guerra, é uma arte".

Eis as regras principais desta arte, expostas por Marx:

1. Nunca brincar com a insurreição, e quando a começar, estar bem compenetrado da idéia de que é preciso levá-la até o fim.

2. Reunir, custe o que custar, grande superioridade de forças no lugar decisivo, no momento decisivo, sem o que o inimigo, se possuir uma preparação melhor e uma melhor organização, aniquilará os insurretos.

3. Uma vez começada a insurreição, é preciso agir com a maior decisão e passar, custe o que custar, ao ataque. "A defensiva é a morte da insurreição armada".

4. É preciso procurar pegar o inimigo de surpresa, aproveitar o momento em que suas tropas ainda estejam dispersas.

5. É preciso obter a cada dia uma vitória, nem que seja pequena (pode-se dizer a cada hora, se se tratar de uma cidade), e manter a qualquer preço a "superioridade moral".

Marx resumia o balanço das lições de todas as revoluções, concernentes à insurreição armada, pelas palavras do maior mestre da tática revolucionária da História, Danton: "audácia, mais audácia, sempre audácia".

Aplicados à Rússia e a Outubro de 1917, estes princípios significam: ofensiva simultânea, tão repentina e tão rápida quanto possível sobre Petrogrado, e ao mesmo tempo do exterior, do interior, dos bairros operários, da Finlândia, de Reval, de Cronstadt, ofensiva de toda a esquadra, concentração de forças infinitamente superiores aos 15 ou 20 mil homens (talvez mais) de nossa "guarda burguesa" (os alunos-oficiais), de nossas "tropas de *chouans*" * (unidades cossacas) etc.

Combinar nossas três forças principais: a esquadra, os operários e as unidades do exército, a fim de dominar e conservar custe o que custar: a) o telefone, b) o telégrafo, c) as estações ferroviárias, d) as pontes, em primeiro lugar.

Escolher os elementos mais resolutos (nossas "tropas de choque" e a juventude operária, assim como os melhores marinheiros) e reparti-los em pequenos destacamentos para que se apoderem de todos os pontos essenciais e para que participem, em todas as circunstâncias, de todas as operações importantes, por exemplo:

Cercar Petrogrado e isolá-la, apoderar-se dela por um ataque combinado da esquadra, dos operários e das tropas, tarefa que exige arte e uma audácia tríplice.

Constituir destacamentos dos melhores operários que, armados de fuzis e de bombas, atacarão e cercarão os "centros" do inimigo (escolas militares, telégrafo, telefone etc.) e que terão por palavra de ordem: perecer até o último, mas não deixar passar o inimigo.

Esperamos que, no caso da insurreição ser decidida, os dirigentes apliquem com sucesso os grandes preceitos de Danton e de Marx.

O sucesso da Revolução Russa e da revolução mundial depende de dois ou três dias de luta.

O *"Pravda"*. Assinado: *Um ausente*.

* Insurretos realistas franceses, sob a 1ª República. (N. do T.)

Documento 16:

A FUGA DE KERENSKI.

O general Krasnov, que comandava um dos exércitos de Kerenski, conta:

"Na manhã de 1º de novembro, os negociadores voltaram e com eles uma multidão de soldados. Nosso armistício fora aceito e assinado pelo representante dos marinheiros, Dybenko, que veio em pessoa visitar-nos. Muito alto, com uma cabeleira toda cacheada, esse belo homem tinha um bigode negro e uma barba de jovem, olhos lânguidos e tez rosada. Era de uma alegria comunicativa, seus dentes brancos brilhavam, sempre com um gracejo na ponta da língua; em suma, um belo atleta que sabia assumir uma atitude nobre e que seduzia num instante não somente os cossacos, mas numerosos oficiais.

—Dêem-nos Kerenski, nós lhes entregaremos Lenine. Trocamos um pelo outro, disse rindo.

Os cossacos tinham esperanças. Vieram pedir-me para proceder à troca de Kerenski por Lenine, que eles prenderiam imediatamente atrás do Palácio.

— Que eles tragam Lenine aqui e em seguida veremos, disse aos cossacos, ao vê-los.

Kerenski teve notícia dessas conversas e ficou alarmado. Pediu que sua guarda não fosse mais composta de cossacos, mas de jovens oficiais.

— Seus cossacos me trairão, disse-me com pesar.

— Trairão a mim primeiro, respondi, e ordenei à sentinela cossaca para não garantir mais a guarda dos aposentos de Kerenski.

Alguma coisa de odioso se tramava. Reinava por toda parte um cheiro de traição. A contaminação bolchevique não tinha somente atingido os cossacos, ela lhes fizera perder toda noção de direito e de honra. Às 3 horas o comitê do 9º regimento do Don (...) irrompeu em meu gabinete. Os cossacos estavam muito nervosos: eles exigiam a rendição de Kerenski. Ele seria conduzido sob escolta a Smolny. (Quartel--General dos bolcheviques.)

—- Nada disso será feito, disse eu. Vocês não permitirão que se toque num fio de cabelo dele.

Evidentemente, era uma exigência dos bolcheviques. Acrescentei:

— Vocês não têm vergonha, cossacos? É verdade que vocês têm muitos crimes na consciência, mas os cossacos nunca traíram. Lembrem-se do exemplo de seus antepassados... (...). Seja quem for este homem, ele será julgado por uma corte russa e não pelos bolcheviques.

— Ele próprio é um bolchevique.

— Isso é com ele. Mas trair um homem que depositou sua confiança em vocês seria covardia e vocês não vão fazê-lo.

— Nós vamos pôr sentinelas nossas em volta do seu quarto; assim ele não fugirá...

— Muito bem, vão.

Quando eles partiram, fui ver Kerenski. Encontrei-o pálido como um morto no fundo do aposento. Disse-lhe que, para ele, tinha chegado a hora de partir. O pátio estava cheio de marinheiros e de cossacos, mas havia outras saídas. Eu só colocava sentinelas na entrada principal.

— Se são grandes as suas culpas para com a Rússia, disse-lhe, eu não me considero competente para julgá-lo. Dou--lhe uma meia hora de segurança para partir.

Providenciei para que as sentinelas não estivessem em seu posto durante o tempo necessário. Quando a patrulha veio inspecionar o aposento de Kerenski, ele estava vazio. Kerenski desaparecera.

Os cossacos avançaram para mim. Estavam furiosos. Queriam prender-me, dizendo que eu os havia traído ao deixar Kerenski escapar.

Em suas *Memórias,* escritas em 1966, A. F. Kerenski conta que se disfarçou de marinheiro e pôde assim escapar.

Documento 17:

O CONGRESSO DOS SOVIETS PROCLAMA A QUEDA DO GOVERNO PROVISÓRIO.

"O GOVERNO PROVISÓRIO FOI DEPOSTO; a maioria de seus membros está presa. O poder soviético proporá uma paz democrática imediata a todas as nações. Ele procederá à entrega aos comitês camponeses dos bens dos grandes proprietários, da Coroa e da Igreja... Ele estabelecerá o controle operário sobre a produção, garantirá a convocação da Assembléia Constituinte para a data marcada... garantirá a todas as nacionalidades que vivem na Rússia o direito absoluto de disporem de si mesmas.

O Congresso decide que o exercício de todo o poder nas províncias é transferido para os Soviets dos deputados operários, camponeses e soldados, que terão de assegurar uma disciplina revolucionária perfeita. O Congresso dos Soviets está persuadido de que o exército revolucionário saberá defender a Revolução contra os ataques imperialistas."

Documento 18:

LENINE: O SOCIALISMO É A SUPRESSÃO DE TODA BUROCRACIA.

"A questão do Estado está colocada de maneira concreta: como nasceu historicamente o Estado burguês, a máquina de

Estado necessária ao domínio da burguesia? Que transformações, que evolução sofreu ela no decorrer das revoluções burguesas e em presença dos movimentos independentes das classes oprimidas? Quais são as tarefas do proletariado em relação a esta máquina de Estado?

"O poder centralizado do Estado, próprio da sociedade burguesa, apareceu na época da queda do absolutismo. As duas instituições mais características desta máquina de Estado são: a burocracia e o exército permanente. Várias vezes, em suas obras, Marx e Engels falam dos mil laços que ligam estas instituições à burguesia. A experiência de cada operário mostra esta ligação com uma evidência e um relevo surpreendentes. A classe operária aprende a conhecer a suas custas, — eis por que ela apreende com tanta facilidade e assimila tão bem a ciência que revela a inelutabilidade desta ligação, ciência que os democratas pequeno-burgueses negam por ignorância e por leviandade, a menos que tenham a leviandade ainda maior de reconhecê-la 'em geral', esquecendo de tirar dela as conclusões práticas.

"A burocracia e o exército permanente são 'parasitas' sobre o corpo da sociedade burguesa, parasitas engendrados pelas contradições internas que dilaceram esta sociedade, parasitas que 'arrolham' seus poros vitais. O oportunismo kautskista, hoje predominante na social-democracia oficial, estima que esta teoria do Estado considerado como um *organismo parasitário* é atributo exclusivo do anarquismo. Por certo, esta deformação do marxismo é extremamente vantajosa aos filisteus que levaram o socialismo a esta vergonha inaudita: justificar e dissimular a guerra imperialista, aplicando-lhe a idéia de 'defesa da pátria'. Mas isto não deixa de ser uma deformação incontestável.

"O desenvolvimento, o aperfeiçoamento, a consolidação deste aparelho burocrático e militar continuam através das inumeráveis revoluções burguesas de que a Europa foi teatro depois da queda do feudalismo. Em particular, a pequena burguesia é atraída para o lado da grande e submetida a ela de uma maneira apreciável, por meio desse aparelho que concede às camadas superiores do campesinato, dos pequenos artesãos, dos pequenos comerciantes etc., empregos relativamente cômodos, tranqüilos e honrosos, que colocam seus beneficiários "acima" do povo. Vejam o que se passou na Rússia durante os seis meses que se seguiram ao dia 27 de fevereiro de 1917: os postos de funcionários, reservados antigamente de preferência aos Cem Negros, tornaram-se a presa cobiçada pelos *cadets*, pelos mencheviques e pelos socialistas-revolucionários. No fundo, não se pensava em nenhuma reforma séria, procurava-se adiar todas as reformas 'até a Assembléia Constituinte', e esta, pouco a pouco, até o fim da guerra! Quanto a repartir a presa, a se instalar nos postos lucrativos de ministros, ministros-adjuntos, governadores-gerais etc., etc., não se perdeu tempo, nem se esperou nenhuma assembléia constituinte! O jogo das combinações acerca da composição do governo não foi, no fundo, senão a expressão desta partição e repartição da 'presa', que se faz de alto abaixo, através do país, em todas as administrações centrais e locais. O resultado, o resultado objetivo depois de seis meses — de 27 de fevereiro a 27 de agosto de 1917 — é certo: as reformas estão adiadas, a distribuição das sinecuras administrativas está feita, e os 'erros' de distribuição foram corrigidos por algumas redistribuições.

"Mas quanto mais se procede às 'redistribuições' do aparelho burocrático entre os diversos partidos burgueses e pequeno-burgueses (entre *cadets*, socialistas-revolucionários e mencheviques, para tomar só o exemplo da Rússia), mais evidente se torna, para as classes oprimidas e para o proletariado que as comanda, sua hostilidade irredutível à sociedade burguesa *inteira*. Donde a necessidade para todos os partidos burgueses, mesmo os mais democráticos e 'democráticos-revolucionários', de intensificar a repressão contra o proletariado revolucionário, de reforçar o aparelhamento repressivo, isto é, esta mesma máquina de Estado. Este desenrolar dos acontecimentos obriga a Revolução a *'concentrar todas as forças de destruição'* contra o poder do Estado; e lhe impõe a tarefa não de melhorar a máquina de Estado, mas de *desmontá-la*, de *destruí-la*. (...)

"É certo que em sociedade socialista uma 'espécie de Parlamento' composto de deputados operários 'determinará o regime do trabalho e fiscalizará o funcionamento do 'aparelho', *mas* este aparelho *não será* 'burocrático'. Os operários, depois de ter conquistado o poder político, quebrarão o velho aparelho burocrático, destruí-lo-ão até os seus fundamentos, não deixarão pedra sobre pedra e o substituirão por um novo aparelho que compreenderá esses mesmos operários e empregados. Para *impedir* a estes de se tornarem burocratas, serão tomadas imediatamente medidas minuciosamente estudadas por Marx e Engels: 1. não somente elegibilidade, mas revocabilidade em qualquer momento; 2. salário que não será superior ao do operário; 3. adoção imediata de medidas a fim de que *todos* cumpram as funções de controle e de fiscalização, de que *todos* se tornem por algum tempo 'burocratas', e que por isso *ninguém* possa tornar-se 'burocrata.'"

FONTE DOS DOCUMENTOS

1. Rosmer, *Le mouvement ouvrier et la guerre*, I, p. 379. — 2. *Archivrusskoj revoljucii, XVIII*, p. 109. — 3. *Contrat Social*, 1961, p. 286. — 4. *Programma partii socialistov-revoljucionnerov*, S. Petersburgo, 1917. — 5. *Izvestija* de 15 de março de 1917. — 6. *Histoire de la révolution russe*, por Gorki, Stálin etc., p. 92. — 7. *Ibidem*, p. 97. — 8. *Izvestija* de 28 de fevereiro de 1917. — 9. Ferro, *La révolution de 1917. La chute du tsarisme et les origines d'Octobre*, p. 509. — 10. *K. Narodam vsego mira*, Petrogrado, 1917. — 11. Lenine, *Oeuvres*, XXIV, p. 3. — 11. Dimanstein, *Revoljucia i nacionalnyi vopros*, III, p. 161. — 13. Piontnovskij, *Xestomatija po istorrni okt. rev.*, p. 143. — 14. *Rabocii put'*, nº 30. — 15. *Pravda*, de 10 de outubro. — 16. Krasnov, in *Archiv russkoj revoljiucii*, I, p. 172. — 17. Os jornais. — 18. Lenine, *l'Etat et la Révolution*, em obras escolhidas, tomo 2. primeira parte. ed. de Moscou, 1954, pp. 214-216 e 296.

Julgamentos dos Contemporâneos

A não ser na Rússia, os contemporâneos não separaram os acontecimentos de 1917 em duas revoluções, a de Fevereiro e a de Outubro. Faltava-lhes a perspectiva. Para eles a Revolução começara com a queda do tzarismo e as jornadas de outubro constituíam apenas uma peripécia. Assim, nem avaliaram a importância dos "dez dias que abalaram o mundo", nem compreenderam sua significação.

Além disso, as circunstâncias da tomada do poder foram tais que foi necessário esperar várias semanas para saber se o poder soviético estava consolidado. Ao mesmo tempo, a guerra civil começava.

Por isso, ninguém imaginava que os bolcheviques conservariam o poder ou que seu regime teria sua especificidade. Para a maior parte dos contemporâneos esses problemas, aliás, tinham menos importância que a atitude da nova Rússia no conflito mundial; uma só pergunta: continuaria ela a guerra ou concluiria uma paz em separado? Este é o critério pelo qual são julgados os acontecimentos da Rússia, segundo sua dependência de um campo ou de outro, e em função das relações mantidas com seu governo.

Foi preciso esperar o armistício de 1918 para que a opinião pública se interessasse de preferência pela natureza do regime soviético. Nessa data a Revolução Russa já tinha quase dois anos: a imagem que se tinha dela é uma outra "questão de história".

"Esta Revolução não é nem antidinástica, nem antimonárquica, nem antiaristocrática: ela é pura e unicamente anti-alemã."

Evening Standard (moderado), de 17 de março de 1917.

"É preciso que a renovação russa não se torne o que, até aqui, ela não quer ser, uma Revolução."

Jacques Bainville
na *Action Française* (monarquista), de 18 de março de 1917.

"O Tzar abdicou por sua própria vontade, precisamente para salvar a Rússia de uma revolução."

The Times (conservador), de 16 de março de 1917.

"Que alegria, que entusiasmo, é de se ficar louco de alegria... O que é Verdun, o que é o Yser, o que é o próprio Marne... ao lado da incomensurável vitória moral que os Aliados acabam de alcançar em Petrogrado... Que golpe para o Kaiser... E que exemplo para o povo alemão."

Gustave Hervé
na *la Victoire* (socialista-patriota), de 17 de março de 1917.

"Os burgueses (russos) estão aliviados por terem castrado a revolução."

Avanti (zimmerwaldiano), de 19 de março de 1917.

"Se o exemplo da Rússia deve ensinar aos povos das nações européias a lição de que uma revolução deve destruir toda forma de governo de classe e colocar o povo no poder, é o maior serviço que ela terá prestado ao mundo. Se conseguir apenas substituir uma tirania autocrática por um militarismo pequeno-burguês, ela terá sido em vão."

Labour Leader (socialista minoritário), de 22 de março de 1917.

"O Tzar caiu, é verdade, mas não se pode dizer verdadeiramente que foi vencido, pois era o seu sonho que, por seu próprio esforço inicial de outrora, ia instalar-se nas grandezas da História."

Georges Clemenceau
em *l'Homme enchaîné*

"Entre a Rússia, que a guerra conduziu à liberdade e a América, que a liberdade conduziu à guerra, a República Francesa simboliza antecipadamente a nova ordem."

Léon Blum
em *l'Humanité* (socialista majoritário), de 8 de abril de 1917.

"Jamais sentimos maior confiança no futuro do socialismo. A luz vem hoje do Oriente. A Revolução Francesa tinha transformado o regime político da sociedade européia. Pode-se esperar que a Revolução Russa marcará o início da transformação do regime social."

Avanti (zimmerwaldiano), de 6 de abril de 1917.

"A tarefa dos socialistas russos é transformar esta Revolução em uma revolução mundial... e antes de tudo pôr fim à guerra mundial. Primeiro passo para o fim desta guerra, ela porá no lugar dos representantes das classes dirigentes "deputados operários e soldados". Esta revolução é o sinal da revolução mundial. À guerra dos povos deve-se responder com a revolução mundial."

F. Loriot

Comitê pelo prosseguimento das relações internacionais.
(zimmerwaldiano), (verão de 1917?).

"O que constitui o interesse do documento publicado ontem (o decreto sobre a paz) não é sua pretensa origem russa: quer tenha sido redigido espontaneamente em Petrogrado por um punhado de iluminados conduzidos por miseráveis, quer resulte de uma manobra maquinada por instigação do governo alemão, como temos sérias razões de supor, ele situa-se nos limites equívocos da traição e da mistificação. Muito mais honroso lhe seria que o considerássemos como um programa formulado por uma fração qualquer da democracia russa."

Le Temps (conservador), de 13 de novembro de 1917.

"Como a maioria dos russos compreende que os bolcheviques são uma nova fonte de fraqueza para a Rússia, deve-se esperar que o movimento maximalista terá como efeito realizar a reunião demasiadamente retardada dos elementos patrióticos sãos do exército e da nação para pôr fim ao caos."

Daily Telegraph (moderado), de 9 de novembro de 1917.

"Resta aos Aliados atingir por algum meio o coração do verdadeiro povo russo e aqueles elementos que são fiéis à causa dos Aliados. Pensamos que esta é uma tarefa na qual os japoneses e americanos poderiam utilizar a força recente de sua cooperação amistosa."

Morning Post (conservador), de 9 de novembro de 1917.

"Em matéria de moralidade ou de um ponto de vista democrático, os maximalistas agiram mal. Se, efetivamente, as eleições para a Assembléia Constituinte deviam ter lugar a 25 de novembro, seu golpe é indesculpável... Esse golpe é um ato de loucura, um erro de cálculo... Custa crer, todavia, que os líderes do movimento, Lenine e Trotski, — tenham sido comprados, mesmo que seja esse o caso de alguns de seus lugar-tenentes... Seu crime é ter seguido a trilha traçada por Kornilov e perpetuar a era da violência."

The Herald (socialista majoritário), de 17 de novembro de 1917.

"O caminho que Lenine quer tomar para fazer cessar o derramamento de sangue parece absolutamente impraticável. Ele parte da idéia de que o exemplo da Rússia será seguido em toda parte e em primeiro lugar na Alemanha. Esta idéia absurda renasce outra vez nos cérebros desses ideólogos ignorantes do mundo e que os longos anos de exílio impedem de ver as realidades da política. (...) O caos na Rússia só pode retardar a paz, pois não podemos concluir uma paz durável senão com um governo que seja o verdadeiro intérprete do país."

Frankfurter Zeitung de 8 de novembro de 1917.

Controle público absolutamente indispensável. Senão a troca de experiências fica prisioneira do círculo restrito dos funcionários do novo governo. Corrupção inevitável. A prática do socialismo exige uma completa subversão no espírito das massas, degradado por séculos de dominação da classe burguesa. Instintos sociais em lugar dos instintos egoístas, iniciativa das massas em lugar da inércia, idealismo que faz superar todos os sofrimentos, etc. Ninguém o sabe melhor, o descreve com mais precisão, o repete com mais obstinação que Lenine. Mas ele se engana completamente no emprego dos meios. Decreto, poder ditatorial dos inspetores de fábricas, sanções draconianas, terror, não são mais que paliativos. A única via que leva a um renascimento é a própria escola da vida pública, uma democracia muito ampla, sem a menor limitação, a opinião pública. É justamente o terror que desmoraliza.

Se tudo isto for suprimido, que resta de fato? No lugar das instituições representativas saídas de eleições populares, gerais, Lenine e Trotski impuseram os Soviets como a única representação verdadeira das massas laboriosas. Mas se sufocarem a vida política em todo o país, a paralisia se imporá obrigatoriamente à vida nos Soviets. Sem eleições gerais, sem liberdade de imprensa e de reunião ilimitada, sem luta de opinião livre, a vida se estiola em todas as instituições públicas, vegeta, e a burocracia permanece o único elemento ativo. A vida pública adormece progressivamente; algumas dúzias de chefes de partido, animados por uma energia inesgotável e por um idealismo sem limites, dirigem e governam; o poder real se encontra nas mãos de uma dúzia deles, dotados de uma inteligência superior; e a elite operária é convidada de vez em quando a assistir a reuniões para aplaudir os discursos dos dirigentes e votar por unanimidade as resoluções propostas; no fundo, portanto, um governo de conciliábulo — uma ditadura certamente, não a ditadura do proletariado, mas a ditadura de um punhado de políticos, isto é, uma ditadura no sentido burguês, no sentido da hegemonia jacobina (o intervalo entre os congressos dos Soviets foi mudado de três para seis meses!). E mais ainda, um tal estado de coisas engendra necessariamente uma recrudescência de selvageria na vida pública, atentados, execuções de reféns, etc.

Rosa Luxemburgo
La révolution russe (1918).

Problemas e conflitos de interpretação

I — Controvérsias de ontem e de hoje

A historiografia stalinista e pós-stalinista deu durante muito tempo uma visão errônea do papel dos indivíduos e dos grupos, principalmente anarquistas, socialistas-revolucionários ou mencheviques. Quando se tratava de personalidades bolcheviques tão eminentes como Trotski, Zinoviev, Kamenev ou Sliapnikov, ela os desqualificava no plano moral, fazia-os desaparecer cada vez que estavam de acordo com Lenine, reaparecer em caso contrário. Procedia de maneira inversa com Stálin. Esta história tem suas variações que M. Dewhirst estuda quanto ao período pós-stalinista nos *Cahiers du monde Russe et Soviétique,* V, 4, pp. 549-567. Sobre a historiografia trotskista, suspeita igualmente, mas que, pelo menos, produziu uma obra-prima, devem ser lidas as observações de Stawar (A.), *Libres essais marxistes,* Paris, 1963, pp. 114-157 e as de Bourdet (Y.) *Communisme et Marxisme,* Paris, 1963, pp. 13-39.

A historiografia emigrada conseguiu durante muito tempo tornar plausível uma interpretação da Revolução em que os complôs tinham um lugar de eleição. Esta explicação dos acontecimentos de fevereiro e outubro parecia lógica a nostálgicos do antigo regime ou da "democracia burguesa". * O método hipercrítico de historiadores com dragonas como Miliukov, Melgunov, Katkov dava um aspecto de verossimilhança a certas análises, principalmente aquelas que se baseavam nas relações entre os alemães e os bolcheviques. (Ver mais adiante.) Divididos até na emigração, mencheviques, socialistas-revolucionários e anarquistas não puderam opor à onda das publicações contrárias senão testemunhos quase sempre incompletos ou tardios.

Hoje, certas polêmicas estão mortas, certas afirmações desmentidas; são lembradas somente a título de informação. Falsa, a tese da "provocação" durante as jornadas de fevereiro, que não foram suscitadas de propósito, por Protopopov, para organizar a repressão ou facilitar uma paz em separado com os alemães. Falsa igualmente a hipótese de sedições organizadas com a cumplicidade da embaixada da Grã-Bretanha, bem como a de um complô franco-maçom.

Está provado igualmente que, nem em abril nem em julho, os bolcheviques tinham previsto a violência das manifestações contra o governo ou o Soviet. Eles não tinham tampouco a intenção expressa de tomar o poder deste modo. Em outubro, é diferente. Está provado também que não foram nem os anarquistas nem os bolcheviques que organizaram as primeiras confraternizações com os alemães, manifestações muito simples, espontâneas da parte dos russos e que o Estado-Maior alemão encorajou.

Esperamos ter mostrado que a Revolução viu defrontarem-se até *setembro,* não os dois poderes procedentes de fevereiro, mas de um lado o governo e os Soviets, de outro, o povo impaciente por ver realizarem-se suas aspirações. Assim, a insurreição de outubro surge como um fim normal e não somente como um golpe de estado realizado por uma minoria. É mais justo considerar que só uma minoria de homens políticos aceitou assumir a vontade da maioria da população.

---

* Atitude decorrente, sua visão e sua interpretação do estado da economia russa em 1913-1917 (ver o problema nº 6).

II — O papel dos partidos políticos durante a revolução de fevereiro.

"A Revolução nos surpreendeu, a nós homens de Partido, adormecidos como as virgens do Evangelho": este texto do socialista-revolucionário Mstislavski (*op. cit.*) ilustra a tese segundo a qual, como os partidos estavam desorganizados, os agrupamentos ilegais destruídos, as desordens teriam explodido espontaneamente, logo se teriam transformado em sedição, depois em revolução.

Segundo Trotski (*op. cit.*) a Revolução teria sido preparada pela ação das organizações ilegais ou legais, depois realizada pelos trabalhadores e soldados da capital. Ela não foi espontânea, mas anônima. O Soviet e o Comitê da Duma subtraíram em seguida o poder às forças vivas que tinham executado a Revolução.

A historiografia stalinista rejeita a tese do "anonimato": os bolcheviques teriam sido os animadores do movimento revolucionário. (Stálin, *op. cit.*).

Segundo os historiadores russos emigrados, nem os bolcheviques nem as outras organizações ilegais foram os provocadores dos acontecimentos de fevereiro; os membros do comitê executivo do Soviet usurparam seu poder. Só a Duma teria desempenhado um papel: antes de fevereiro, ao estimular o movimento de oposição a Nicolau II, em seguida ao tomar em mãos o futuro da revolução pela constituição de um "comitê para a manutenção da ordem e das relações com as organizações". Assim, Kerenski (*op. cit.*) evoca a impotência das organizações ilegais; Miliukov (*op. cit.*) quase não se refere a ela. Na última obra de G. Katkov (*op. cit.*) a criação do Soviet de Petrogrado é transferida para *depois* da abdicação de Nicolau II.

As pesquisas da historiografia soviética, há 10 anos, se orientam em duas direções:

— A reconstituição exata da cronologia. Assim Burdzalov (*Voprosy Istorii,* 1956, 4) demonstra que o manifesto bolchevique reproduzido acima nos *Documentos* foi redigido depois do sucesso da insurreição e não a 26 de fevereiro. Leiberov (em *Oktjabr'i graz-*

danskaja vojna, Moscou,1966, 522 páginas, pp. 31-47) fixa o papel decisivo dos bolcheviques a 25 de fevereiro.

— Um estudo sociológico da classe operária em 1917 (cf. Leiberov e Skaratan, *Voprosy Istorii,* 1961. I; Graponenko, *Istoriceske Zapiski,* 1963 e os outros trabalhos de Skaratan). Estes trabalhos tiveram por objeto, entre outros, pesquisar por que os bolcheviques tiveram tão poucos membros eleitos para o Soviet de Petrogrado (e não somente para sua Mesa, formada por cooptação depois aprovada pela Assembléia plenária de 27 de fevereiro). A discussão do modo de escrutínio é tradicional desde Sliapnikov (*op. cit.*); Zlokazov retoma seu estudo em *Istorija SSSR,* 1964--1965, pp. 103-112. Fica claro que efetivamente houve sub-representação dos operários das grandes fábricas. Isto não aparecia a Artenev (*Istorija SSSR.* 1964-1965, p. 112 e seguintes) uma explicação suficiente, pois essas grandes fábricas elegeram mencheviques. Segundo Ferro (*op. cit.*) são os equívocos da direção do Partido que explicam sua derrota nas eleições: animadores do movimento operário nos subúrbios responsáveis pela criação de Soviets locais (em Vyborg etc.), os bolcheviques tendiam, desde a noite de 27 de fevereiro, para a constituição imediata de um governo revolucionário, como se já quisessem transpor a etapa dos Soviets.

Quando viram que na Mesa do Soviet de Petrogrado dominavam mencheviques e S.R., tentaram fazer número, não o conseguiram a tempo e desde então se mostraram amuados. Os trabalhadores não compreenderam estas reticências e preferiram eleger representantes que em vez de criticar o Soviet pareciam, sustentando-o, acompanhar o sentido do movimento.

III — Os bolcheviques e os alemães

Desde o começo da Revolução os bolcheviques foram acusados de estarem em conluio com os alemães: eles queriam o fim da guerra e os aliados da Rússia eram contrários a uma paz concluída antes da vitória. O sucesso da política bolchevique podia conduzir a Rússia a uma paz em separado. Como os alemães tinham interesse em favorecer a propaganda bolchevique, os adversários de Lenine quiseram desacreditá-lo, demonstrando que ele se tinha aproveitado do apoio dos alemães, que era um agente do Kaiser.

Dois fatos provocaram esta polêmica que terminara em julho de 1917 com a prisão e a condenação de um certo número de líderes bolcheviques: a volta à Rússia de Lenine e dos emigrados da Suíça através da Alemanha; as provas reunidas por Perevercev, Ministro de Justiça do Governo Provisório, que atestavam que os bolcheviques tinham recebido dinheiro alemão.

A) A volta de Lenine e dos emigrados da Suíça.

No dia seguinte à revolução de fevereiro, os russos emigrados na Suíça estavam como leões na jaula. Os social-patriotas poderiam voltar tranqüilamente via França e Grã-Bretanha. Mas era certo que os Aliados internariam os internacionalistas na passagem. Restava o caminho pela Alemanha. O menchevique Martov foi o primeiro que teve essa idéia, em uma reunião entre emigrados, onde seu projeto foi acolhido com frieza, mas Lenine o apoiou com entusiasmo. Natanson aderiu ao projeto em nome dos S.R. e Kossovski em nome do Bund. (*Leninskij sbornik* II, 385, e *Izvestija* de 5 de abril de 1917, p. 2.) No final das contas, os emigrados aceitavam a passagem pela Alemanha se o caso fosse tratado pelos neutros e com a aprovação do novo regime russo.

Em Petrogrado, todavia, a despeito das *démarches* de Sliapnikov e de Kollontai, o Soviet não se mexia. Então os emigrados, não podendo mais conter-se, decidiram deixar que se realizasse a negociação entabulada junto ao governo alemão, primeiro por Parvus, em seu próprio nome e com a aprovação dos social-democratas majoritários alemães, depois por Grimm e Platten, também internacionalistas. Se essa negociação fosse bem sucedida, pediriam aos zimmerwaldianos "aliados" e neutros para darem seu aval à viagem. Guilbeaux e alguns outros aceitaram, não Romain Rolland. (Guilbeaux, *La fin des Soviets,* p. 30.) A censura aliada não deixou publicar nem as razões nem as condições da passagem pela Alemanha. O Quai d'Orsay chegou mesmo a interceder junto ao governo sueco para que prendesse os emigrados quando atravessassem a Suécia, mas a *démarche* não teve êxito. (*Arquivos da Guerra.*) Os alemães, ao contrário, não opuseram nenhuma dificuldade aos negociadores e lhes concederam visto de trânsito em treze dias, tempo recorde. As condições eram as seguintes:

1. Todos os emigrados russos poderiam atravessar a Alemanha, mesmo que fossem favoráveis à guerra sem quartel;

2. O trem que os transportaria seria protegido pela extraterritorialidade (não houve "vagão lacrado" M.F.);

3. Os exilados se comprometiam a agir junto a seu governo para fazer libertar um número igual de prisioneiros austro-alemães.

Essas condições traduziam a vantagem política das potências centrais em facilitar a volta de emigrados que, na maior parte, contribuiriam para "intensificar a desmoralização do exército". (Zeman Z.A.B., *Germany and the revolution in Russia,* Londres, 1958; Fischer F., *Griff nach der Weltmacht,* Dusseldorf, 1962; Schub, *Lénine,* op. cit.; Hahlweg W., *Lenins Ruckwehr nach Russland,* 1917. *Die deutschen Akten,* Leiden, 1957; Zeman and Scharlau, *The merchant of revolution* (*Parvus-Helphand*), 1965, 306 páginas; Browder and Kerensky, *The provisionnal government,* tomo 3.)

No dia seguinte à volta de Lenine, nenhum revolucionário fez alusão às condições dessa volta: outros socialistas não tinham voltado com ele do mesmo modo? Foi a imprensa e as chancelarias aliadas que espalharam depois a lenda do "vagão lacrado", retomada posteriormente pelos adversários dos bolcheviques.

B) A acusação de venalidade.

No dia seguinte às jornadas de julho, Perevercev, Ministro da Justiça do Governo Provisório, revelou um certo número de informações comunicadas por G.

Alexinski e V. Pankratov: por intermédio de seus correspondentes em Estocolmo, os bolcheviques teriam recebido importantes fundos de origem alemã. Acusados de traição, Lenine e seus amigos foram julgados por contumácia. A instrução revelou a origem desses fundos: por intermédio de Parvus e de Ganetski (Furstenberg), de Mme Sumenson, o Partido teria recebido dinheiro, entregue em mãos a Kozlovski, membro bolchevique do Comitê Central dos Soviets.

Por ocasião de sua prisão, Kozlovski reconheceu ter recebido dinheiro, mas por uma operação comercial com Parvus, que tinha interesses na Suécia e era amigo de Ganetski, o correspondente de Lenine em Estocolmo. Lenine escapou aos policiais encarregados de prendê-lo: ele afirmou nunca ter tratado de negócios com Kozlovski. Declarou em seguida nunca ter recebido um tostão sequer nem para si nem para o Partido. Os documentos publicados em *Rec* (e reproduzidos em Documentos Kerenski ou em Schub, p. 155) eram tão claros, todavia, que ficou uma dúvida. Aliás, a correspondência de Lenine contém um texto de junho de 1917, publicado em 1923, onde o líder bolchevique escreve: "Recebido dinheiro (2 000) de Kozlovski." (Schub, 197.)

Durante trinta anos o problema do "dinheiro alemão" permanecera um mistério. Em sua *Histoire de la Révolution*, Trotski quis demonstrar a inocência dos bolcheviques (tomo II, pp. 89-114). Mas como em junho de 1917 ele ainda não era membro do Partido só dispunha de poucos elementos de informação; o que ficou sabendo depois? No outro campo, Melgunov analisou minuciosamente as provas da venalidade dos bolcheviques. (Melgunov S.P., *Zolotoj nemeckij Kljuc bolseviceskoj revoljucii,* Paris, 1940.)

Foi a abertura dos arquivos alemães, no dia seguinte ao término da Segunda Guerra Mundial, que permitiu dispor de elementos decisivos. Chefiada por G. Kathov, uma equipe de pesquisadores examinou toda a documentação sobre esta questão para descobrir as "provas" da culpabilidade dos bolcheviques (cf. Zeman, *op. cit.*). Depois deles, G. Bonnin retomou esses textos e descobriu outros (*Revue historique,* 1965, I). Desta confrontação fica evidente que:

— Parvus, antigo internacionalista, ligado antes de 1912 à extrema esquerda da social-democracia russa, depois aliado aos majoritários alemães após 1914, quis contribuir para o sucesso de uma revolução na Rússia, depois para o triunfo dos bolcheviques. Ele associava o sucesso do socialismo à vitória prévia do Kaiser e recebeu uma contribuição dos fundos secretos. Sua ação se desenvolveu sem a concordância dos bolcheviques. Lenine era contra Parvus desde sua adesão ao social-chauvinismo.

— Os amigos de Lenine na Suécia, que continuavam confiando em Parvus, como Ganetski, utilizaram os serviços da organização pseudocomercial que este havia montado entre a Alemanha, a Suécia e a Rússia: assim puderam estabelecer relações com as organizações bolcheviques ilegais da Rússia. Depois da revolução de fevereiro, a rede continuou a funcionar. Lenine sabia apenas que estava ligada a Ganetski.

— Este desempenhava o papel de tesoureiro das organizações bolcheviques em território neutro. Recebia os donativos, muitas vezes anônimos, e os fazia passar à Rússia por intermédio da rede de Parvus. Este podia, assim, subvencionar certas publicações subversivas (antes e depois de fevereiro de 1917) sem que a origem dos fundos fosse sempre clara. Assim, uma brochura de Bukharine foi publicada com dinheiro alemão, fornecido por Parvus, sem que Bukharine soubesse a origem dos fundos. Apenas Ganetski podia estar ao corrente, mas o caso era de pouca importância.

Na verdade, as somas efetivamente versadas antes de outubro de 1917 são extremamente reduzidas e sem relação com as cifras que dão os documentos, ora fictícias e simples prensagens em código, ora reais, mas correspondendo a transações comerciais.

Assim, entre os 40 milhões calculados por Zeman, Katkov etc., e os 2 000 rublos mencionados por Lenine (sem que esteja mesmo provado que se trata de dinheiro alemão), subsiste uma diferença muito importante. Por certo, os alemães gastaram vários milhões para sustentar sua ação subversiva na Rússia, mas G. Bonnin mostra que nada prova que foram os bolcheviques que receberam fundos. Aqueles de que tratam os arquivos alemães ajudaram bastante os bolcheviques a se manterem no poder, mas *depois* do sucesso da Revolução.

Muitas aparências, contudo, tinham trabalhado contra os bolcheviques, e não se pode concluir que Perevercev procedeu de má fé ao lançar suas primeiras acusações. Estas, finalmente, se revelaram em parte caluniosas. Aliás, o próprio G. Katkov escreve em sua última obra: "Lenine tinha grande necessidade de ajuda financeira (antes de outubro) e foi deste modo que o governo alemão *tentou* ajudá-lo, com ou sem seu consentimento (*with or without his knowledge*, p. 114).

IV — A segunda "Kornilovschina".

Dá-se o nome de segunda "Kornilovschina" a uma tentativa dos meios militares de organizar-se, depois do putsch Kornilov, para impedir os Soviets e os bolcheviques de tomarem o poder. Cf. Ivanov, *Zagovor Kornilova*, Moscou, 1965; Juravlev, k voprosy o vtorom kontrrevolucionnom voennom zagovore nakanune velikoj oktjabr'skoj socialisticeskoj revoljucii, *Ictoriceskie Zapiski*, tomo 56; Ignat'ev, Otnosenie imperialistov antanty *i SSA* ko "vtoroj Kornilovscine", in *Oktjabr i grazdanskaja, vojna v SSSR, k Mincu*, Moscou, 1966, pp. 171-181.

Estes trabalhos mostram que a luta contra os Soviets tomou, desde antes de outubro, a forma que teve mais tarde, no tempo da guerra civil. Os antigos kornilovistas restantes no aparelho de Estado, organizaram um "exército popular"; pretendiam abrir o *front* aos alemães para provocar uma intervenção dos Aliados e fazê-los encarregar-se da contra-revolução. Esse plano teve um começo de realização, pois a ajuda financeira aliada aumentou subitamente no fim do mês de setembro; a divisão da Rússia em "zonas de auxílio" teria sido considerada. Os E.U.A., de início reticentes, se teriam aliado a esta política que, em caso de sucesso, teria podido ter como coordenador W. Churchill.

V — O papel de Trotski durante as jornadas de outubro

Uma polêmica antiga opõe a tradição trotskista, segundo a qual Trotski preparou a insurreição de outubro em completo acordo com Lenine, e a historiografia stalinista, segundo a qual o menchevique adesista teria sido contrário a seus planos, porém menos abertamente que Kamenev e Zinoviev (ver O. Carbonnel, *Le Grand Octobre,* ed. da bonne presse, 1967).

A publicação pelos soviéticos dos arquivos do Comitê militar revolucionário de Petrogrado (*Petrogradskij voenno-revoljucionnij Komitet,* Moscou, 1966, 3 volumes), assim como as análises de Robert Daniels em *Red October,* Newhaven, 1967, e de J. J. Marie, o Comitê militar revolucionário de Petrogrado e seu presidente, *Cahiers du Monde Russe et Soviétique,* 1967, 2, permitem situar esta questão.

O problema tem vários aspectos.

O próprio *princípio* de uma insurreição. Solidários para recusar toda rejeição de princípio de uma insurreição, os dois parceiros não a conceberam, parece, com os mesmos intuitos. Estão perfeitamente de acordo para proceder de tal modo que a iniciativa do rompimento venha do governo, mas parece que somente Lenine quer provocar, aconteça o que acontecer, um levante armado, ao passo que nada prova que Trotski tenha tido desejo de provocá-lo, caso o governo viesse a ceder o poder ao Congresso dos Soviets sem resistir. Evidentemente, esta hipótese era improvável. Assim, pode-se julgar que para Trotski a insurreição era fatal e para Lenine, necessária. Tecnicamente isto vem a dar no mesmo, politicamente, não. Esta explicação justifica o fato, assinalado pela historiografia trotskista, de que o P. V. R. K. pudesse ter sido constituído a 9 de outubro, um dia antes do Partido Bolchevique ter posto a insurreição "na ordem do dia". Ela justifica também o fato, assinalado pela historiografia stalinista, de que, ao contrário de Trotski, Lenine quis marcar uma *data* para a insurreição: em todo o caso, *antes* da reunião do Congresso dos Soviets. Esta divergência implica uma outra: no espírito de Trotski, era preciso que, guiados pelos bolcheviques, fossem os Soviets que tomassem o poder. No espírito de Lenine, era preciso que em nome dos Soviets, os bolcheviques o fizessem.

VI — Duas concepções do bolchevismo: Lenine e Kamenev

No seio da direção do Partido, Kamenev e Lenine tiveram posições diferentes, freqüentemente opostas, durante os oito meses da Revolução de Outubro. Nenhum dos outros protagonistas exerceu uma influência ideológica comparável: nem Stálin, nem Sverdlov, nem Trotski.

Cronologicamente, as primeiras divergências apareceram no plano da tática a adotar face ao duplo poder (ver capítulo 3). As mais graves nasceram em abril, a propósito do papel dos Soviets. Inclinado a considerar os Soviets operários, soldados e camponeses como o parlamento da democracia, Kamenev queria ver respeitada nele a lei da maioria. Lenine criticava este "legalismo revolucionário". O apelo à violência contra a maioria do Soviet de Petrogrado lhe parecia legítima, se ela devia ajudar à vitória ulterior do Partido Bolchevique. Ele adotou a mesma atitude em relação ao 1.º Congresso dos Soviets. Sobretudo, constata-se que não mudou de posição depois do sucesso eleitoral dos bolcheviques no Soviet de Petrogrado: em outubro, Lenine quer impor-se ao Soviet, onde todavia seus camaradas de Partido estão em maioria, porque isso pode ajudar à tomada do poder pelo Partido e por ele só. Kamenev não julga apenas que a insurreição é "arriscada": as concepções de Lenine chocam sua sensibilidade de democrata. No fundo, ele é contrário à ditadura de um só partido, e se mostra mais próximo das opiniões de Martov ou de Sukhanov que das opiniões de Lenine. Como Zinoviev, Latsis, Kaliline, ele permanece bolchevique por sua concepção da organização do partido e por seu radicalismo.

A oposição de Kamenev participa também de razões de ordem teórica mais antigas. A seu ver, as condições para a instauração do socialismo não estão ainda preenchidas na Rússia. Assim a tomada do poder pelos bolcheviques lhe parece inoportuna, porque o Partido não poderá realizar um socialismo autêntico e ficará desacreditado. Lenine julga estas razões absurdas e anacrônicas, e aplica a seus amigos o apelido de "velhos bolcheviques". Em primeiro lugar, ele declara que se o Partido tomar o poder, "ninguém poderá expulsá-lo dele". Além do mais, a conquista e o exercício do poder, a instauração de medidas verdadeiramente revolucionárias lhe parecem constituir objetivos demasiado próximos e suficientemente exaltantes para que não se tente adaptar a teoria a uma prática tão esperada.

Obsedados pela disputa entre "trotskistas" e "stalinistas" sobre a vocação da Revolução Russa durante os anos posteriores, os historiadores têm tendência a subestimar o conflito entre Lenine e Kamenev; sua importância é contudo considerável e seria interessante verificar se certas idéias de Rosa Luxemburgo não estavam próximas, sob certos pontos de vista, das idéias de Kamenev.

VII — Estado da economia russa no advento do bolchevismo

Debate aberto e sujeito a controvérsias, porque põe em questão o balanço de cinqüenta anos de regime. Assim, os soviéticos seriam tentados a mostrar os aspectos atrasados da economia russa em 1913, seus adversários a insistir nos progressos às vésperas da Revolução (ver a coleção da revista *Istorija S. S. S. R.* e a da *Slavic Review*)*. Como demonstrou Gershenkron, no *Journal of economic history*, suplemento 7, 1947, a taxa do crescimento industrial foi excepcional entre 1885 e 1914, ultrapassando em muitos setores a de numerosas potências econômicas. Acontece que esta economia "deslanchava" de um limiar extremamente baixo e que, assim, avaliar os

---

* Posição em relação ·lógica com sua interpretação dos acontecimentos de fevereiro e outubro (ver acima).

progressos à base de porcentagens engana. Aliás, P. Bairoch mostra, em um estudo baseado nas dez maiores potências mundiais no começo do século XX, que na maior parte das "posições indicativas de progresso" (taxa média do crescimento da produtividade agrícola, índice de desenvolvimento dos transportes etc.), a Rússia ocupava o último lugar. (Níveis de crescimento no século XIX, *Annales, Economies, Sociétés, Civilisations,* 1965, 6.) A Rússia tinha um meio século de atraso sobre os Estados Unidos e a França: poderia alcançá-los?

Parece que a economia russa estava mais adiantada por certos traços estruturais (grau da concentração, papel do Estado etc.) que pelo nível técnico de seu desenvolvimento. Observa-se ainda, por um lado, que nas indústrias químicas e gráficas, a Rússia estava na vanguarda; por outro lado, sua dependência econômica e financeira em relação ao capital estrangeiro fazia da economia russa uma economia semicolonial. Cf. Ioffe, *Russkie-Francukie otnosenija v 1917 g.* (As relações franco-russas em 1917), Moscou, 1958, 354 p.

No domínio agrícola, o atraso da Rússia era bem determinado. Era menos claro no domínio da instrução pública, mais difundida, mesmo nos campos, do que geralmente se crê. Cf. Johnson, W., *Russia's democratic heritage,* N. Y., 1950, 350 p.

Bibliografia

Uma bibliografia completa sobre a Revolução de 1917 necessitaria vários volumes. Uma seleção crítica de 500 títulos classificados (Coleção de arquivos, documentos, livros, artigos de revista etc.) será encontrada em nossa obra, *La Révolution de 1917. La chute du tsarisme et les origines d'Octobre,* Paris, edições ·Aubier-Montaigne, pp. 544-583.

Nesta bibliografia foi necessário limitar as indicações a um número de títulos muito restrito. Acrescentamos a ela uma *Nota de orientação* destinada àqueles que quiserem proceder a um estudo mais aprofundado.

I — OBRAS GERAIS

Apresentadas ora sob a forma de "memórias", ora sob a forma de um trabalho de historiador, as obras que se seguem foram escritas por atores ou testemunhas da Revolução. Elas exprimem pontos de vista diferentes e são todas fundamentais.

SUKHANOV, N. *Zapiski o revoljucii* (Notas sobre a Revolução), 7 v., Berlim, 1920. Existe uma versão francesa de excelente edição de J. Carmichael, em 1 volume, publicação Fayard.

O mais penetrante e completo testemunho sobre a Revolução de 1917, principalmente sobre seu início. O autor, um dos fundadores do Soviet de Petrogrado, era um menchevique de esquerda, amigo de L. Martov.

TROTSKI, L. *Histoire de la révolution russe*, Paris, 1931, 2 v., 440 e 635 p.

A melhor história da Revolução. Utiliza-se amplamente de Sukhanov e mascara suas divergências com Lenine.

MILIUKOV, P. N. *Istorija vtoroj revoljucii* (História da Segunda Revolução), Sofia, 3 v., 1921. O antigo Ministro dos Negócios Estrangeiros do Primeiro Governo Provisório utiliza sua função de historiador para apresentar uma interpretação *cadet* da Revolução.

KERENSKI, A. *The catastrophe*, N. Y., 1927, 377 p.

O mais penetrante escrito de Kerenski.

TCHERNOV, V. *The great russian revolution*, Newhaven, 1946, 346 p. (Ponto de vista socialista-revolucionário.)

VOLINE, *La révolution inconnue*, Paris, 1947, 690 p. (anarquista).

STÁLIN, VOROCHILOV, GORKI, KIROV, JDANOV, MOLOTOV. *Histoire de la révolution russe*, Moscou-Paris, 1936, 3 v.

A história oficial na época stalinista. Ver adiante: *O estado da questão*.

LENINE, V. I. *Oeuvres complètes*, traduzidas do russo, Moscou, 5ª edição, 20 volumes editados. Para a época da Revolução, ver os tomos 24 a 30, todos editados.

Acrescentem-se a esses livros alguns trabalhos de historiadores:

Sobre a própria revolução:

Revolutionary Russia: A symposium, editado por Richard Pipes, N. Y., Doubleday, 1969.

CHAMBERLAIN, W. H. *The russian revolution*, N. Y., 1935, 2 v.

Único estudo de conjunto desde fevereiro de 1917 até 1921.

CARR, E. *The bolchevik revolution*, Londres, 1950-1953, 3 v.

As transformações da Rússia depois de outubro de 1917.

Sobre os principais revolucionários, compare-se:

SCHUB, D. *Lénine*, Paris, 1952, 371 p., bastante crítico.

BRUHAT, J. *Lénine*, Paris, 1952, 351 p. Fiel à tradição leninista.

ULAM, A. D. *Lenin and the bolcheviks*, Londres, 1965, 600 p.; a biografia mais completa.

Sobre Trotski:

DEUTSCHER, I. *Trotski, the armed prophet*, Oxford, 1953, 3 v.

Embora Stálin só tenha desempenhado um papel secundário durante a Revolução, leia-se o estudo de SUVARINE. B. *Staline*, Paris, 1935, 672 p.

Kerenski, Ceretelli e Miliukov esperam seu historiador.

Sobre os partidos políticos russos, o marxismo, o bolchevismo e o movimento revolucionário em geral, leia-se:

LICHTHEIM, G. *Marxism, An historical and critical study*, N. Y., 1961, 412 p.

HAIMSON, L. *The russian marxists and the origins of bolchevism*, Cambridge, 1955, 246 p.

PAPAIOANNOU, K. *Les marxistes*, Paris, 1965. Com textos escolhidos. Nova edição, Flammarion, 1972.

RADKEY, O. *The agrarian foes of bolchevism*, N. Y., 1958. A única história dos socialistas-revolucionários.

ROSENBERG, A. *Histoire du bolchevisme, de Marx aux plans quinquennaux*, Paris, 1932, 250 p.

SCHAPIRO, L. *Histoire du parti communiste de l'U.R.S.S.*, Paris, 1967, tradução francesa da obra publicada em Londres em 1960.

GUÉRIN, D. *Les anarchistes*, Paris, 1966, 230 p.

II — A FALÊNCIA DO ANTIGO REGIME E A REVOLUÇÃO DE FEVEREIRO.

Às obras precedentes acrescente-se:

SETON-WATSON, H. *The decline of imperial Russia*, Londres, 1952, 406 p. Das Reformas de Alexandre II até 1914.

FLORINSKY, M. *The end of russian empire*, Yale, 1931, 272 p. Sobre o período 1914-fevereiro de 1917.

KATKOV, G. *The February revolution*, Londres, 1967, 488 p.

WALTER, G. *La révolution russe*, Paris, 1953, 380 p.

MEL'GUNOV, S. P. *Martovskie Dni* (As jornadas de Março), Paris, 1961, 499 p.

Aos quais se poderão juntar as "memórias" de:

SLIAPNIKOV, A. *Semnadcatij God* (O ano de 1917), Moscou, 1923-1927. O responsável bolchevique durante a insurreição.

MSTILSLAVSKIJ, S. *Pjat' Dnej* (Cinco dias), 1922, 163 p. Socialista-revolucionário, um dos membros da comissão militar do Soviet.

NICOLAU II, *Journal Intime*, Paris, 1925, 303 p., do qual se contestaria a autenticidade.

SUL'GINE, A. *Dni* (Os dias), Leningrado, 1925, 228 p. Delegado da Duma, monarquista, que recebeu a abdicação de Nicolau II.

III — A ÉPOCA DO GOVERNO PROVISÓRIO.

Às obras citadas acima, principalmente às "memórias", acrescente-se:

CERETELLI, *Vospominanija o russkoj revoljucii*. (Lembranças da Revolução Russa), Paris, 1963-1964, 492 e 432 p. Pelo líder menchevique do Soviet, alma dos governos de coalizão. É útil ler as exposições de outros líderes revolucionários.

PLEKHANOV, G. *God na rodinu* (Um ano na pátria), 2 v. Paris, 1921, 247 e 270 p.

STÁLIN, J. *Socinenija* (Obras), tomo 3 da edição francesa, Moscou, 1938.

TROTSKI, L. *Socinenija* (Obras), tomo 3, 1ª parte, 1917, Moscou, 1925.

Pode-se comparar com os escritos de Lenine, Sukhanov etc. citados acima e ler também as memórias de um amigo de Kerenski, Trudovique:

Stankevic, V. *Vospinanija* (Lembranças), Berlim, 1921, 353 p.

Não há obra de conjunto sobre a época do Governo Provisório, sem considerar as "memórias" dos protagonistas. Para o período até julho, leia-se nosso livro citado acima, pp. 132-467. Ao contrário, dispomos de numerosas monografias, tanto sobre aspectos da vida política na época da Revolução como sobre crises em particular:

Sobre os Soviets:

ANWEILER, O. *Die Ratebewegung in Russland* (1905--1921), Leyden, 1958, 344 p.

Sobre as relações entre patrões e operários:

VOLOBUEV, P. V. *Proletariat i burzuazija Rossii v 1917 g.* (Proletariado e burguesia da Rússia em 1917), Moscou, 1964, 357 p.

Sobre a questão agrária e os programas dos partidos:

MOROKHOVEC, A. *Agrarnye programmy rossiiskih partij v 1917 g.* (Os programas agrários dos partidos russos), Leningrado, 1929.

MOISEEVA, O. N. *Sovety krest'janski deputatov v 1917 g.* (Os Soviets de deputados camponeses em 1917), Moscou, 1967. 203 p.

Sobre a questão nacional durante a Revolução:

PIPES, R. *The formation of Soviet Union*, Harvard, 1954, 355 p.

PIDHAINY, O. S. *The formation of ukrainian republic*, Toronto, 1966, 685 p.

BENNIGSEN & QUELQUEJAY. *Les mouvements nationaux chez les Musulmans de Russie avant 1920*, Paris, 1964. 386 p.

CARRÈRE d'ENCAUSSE. *Réforme et Révolution chez les Musulmans de l'Empire russe. Bukhara, 1867-1924*, Paris, 1966.

Sobre as relações exteriores:

VASJUKOV, V. S. *Vnesnjaja politika vremmennogo pravitel'stva*, Moscou, 1966, 496 p.

Sobre as relações entre a Revolução Russa e o Socialismo Internacional, o testemunho de Ceretelli, citado acima, é o mais completo. Acrescentar:

GANKIN & FISHER. *The bolcheviks and the world war*, Stanford, 1940, 856 p.

FAINSOD, M. *International socialism and the world war*, 1935, 238 p.

O instituto de história social de Amsterdã prepara um trabalho sobre o movimento de *Zimmerwald*.

Sobre dois episódios da Revolução, indicamos as obras mais recentes:

ZNAMENSKIJ, O. E. *Ijul'skij Krisis* (A crise de julho), Moscou, 1964, 270 p.

RABINOVITCH, A. *Prelude to revolution*, Indiana Univ. Press, 1968, 290 p.

IVANOV, D. *Delo Kornilova* (O caso Kornilov), Leningrado, 1966.

IV — A REVOLUÇÃO DE OUTUBRO.

Às obras gerais acrescentem-se alguns testemunhos:

REED, J. *Ten days that shook the world*, N. Y., 1919, 350 p., de que existe uma tradução brasileira, Editorial Calvino Ltda., R. de Janeiro.

SADOUL, J. *Notes sur la révolution bolchevik*, Paris, 1919, 467 p.

BONS-BRUEVIC, Vl. *Na boevih postah feb.i Okt. revoljucii* (Nos postos de combate das revoluções de Fevereiro e Outubro), Moscou, 1930, 412 p.

RASKOLNIKOV, F. *Kronstadt i Piter* (Kronstadt e S. Petersburgo), Moscou, 1925, 280 p.

SERGE V., *L'An I de la révolution russe*, Paris, 1930, 471 p.

Dois historiadores fizeram uma análise rigorosa dos acontecimentos:

MEL'GUNOV, S. *Kak bol'sevik zahvatili vlast'* (Como os bolcheviques tomaram o poder), Paris, 1953, 351 p.

DANIELS, R. *Red October*, Newhaven, 1957.

Sobre a revolução em Petrogrado de fevereiro de 1917 a janeiro de 1918, *Oktjabr'skoe vooruzennoe vosstanie*, sob a direção de A. L. Fraiman, 1967, 2 v., Leningrado, ed. Nauka. Nauka.

V — NOTA DE ORIENTAÇÃO.

Para um estudo mais aprofundado, poderá ser utilizada a documentação seguinte:

1. — INSTRUMENTOS DE TRABALHO

Guide to russian reference books, by Karol Maichel, v. 2. Hoover institutions bibliographical series, XVIII, Stanford Univ. Press, 1964, 294 p.

Encaminha a todos os guias de arquivos e a todas as bibliografias. Entre estes, três são particularmente úteis:

— *Central'nye gosudartsvennye arkhivy oktjabr'skoj revoljucii i socialisticeskogo stroitel'stva: putevod'* (Arquivos de Estado da Revolução de Outubro e da construção do socialismo, um guia), Moscou, 1946, 347 p.

— *Bibliothèque et Musée de la guerre. Catalogue périodique du fonds russe de la bibliothèque*, redigido por A. Dumesnil, Paris, 1932, 739 p.

—. ZALESKI, E. *Mouvements socialistes et ouvriers*. Cronologia e bibliografia. A Rússia, tomo 2, Paris, 1956, 490 p.

2. — ARQUIVOS, DOCUMENTOS, JORNAIS E PUBLICAÇÕES.

Fora as diferentes coleções de arquivos encontradas na U.R.S.S., mencionadas nas obras acima citadas, encontram-se documentos importantes nos lugares seguintes:

— *International institut voor Sociale Geschiedenis*, Amsterdã.

— *Archives de la guerre*, Vincennes.

— *Archives Nationales*, Paris. Algumas coleções na série F7.

— *Hoover Institution on War, Revolution and Peace*.

As coleções de documentos, muito numerosas, devem ser utilizadas com precaução, pois seu conteúdo varia, como sempre acontece, segundo as tendências do momento, o lugar da edição, etc.

Em língua russa, quatro séries são particularmente úteis:
— *Krasnyi Archiv*, Moscou, 1922-1941, 106 fascículos.
— *Archiv russkoj revoljucii*, Berlim, 1921-1937, 22 v.
— *1917, God dokumentah i materjalah*, Moscou, 1937, 10 v.
— *Velikaja oktjabr'skaja socialisticeskaja revoljucia. Documenty i materiały*, Moscou, 1957-1966, 8 v.

Em língua inglesa, duas coleções são muito cômodas:
— GOLDER, F. A. *Documents of russian history*, Londres, 1927, 663 págs.
— BROWDER & KERENSKI, *The Provisionnal government, 1917*, Stanford, 1961, 3 v., 1875 p.

A lista dos principais jornais em língua russa se encontra em Zaleski, *op. cit.*, pp. 125 a 139. Três são particularmente importantes:
— *Pravda*, diário bolchevique.
— *Izvestija*, diário do Soviet de Petrogrado.
— *Rec*, diário *cadet*.

Uma boa revista cotidiana dos principais jornais se encontra no *Bulletin de presse de Petrograd*. Uma edição sobre microfilmes com índice foi realizada por S.I.M., Paris.

Entre os diários ocidentais, o mais completo sobre a Rússia é *The Times*.

Várias revistas concedem um lugar importante à Revolução Russa: entre as revistas "vivas" indicamos:
— *Istorija SSSR*, Moscou.
— *Voprosy Istorii*, Moscou.
— *Vozrozdenie*, Paris.
— *Le Contrat Social*, Paris.
— *Cahiers du monde russe et soviétique*, Paris.
— *Rivista storica del socialismo*, Turim.
— *Slavic Review*, New York.
— *Novij Zurnal*, New York.

FILMES SOBRE 1917 *

1. *Documentos e filmes de montagem*

   La chute de la dynastie des Romanov, 1927 (Esther Shub), Moscou-Bruxelas.

   Révolution d'Octobre, 1967, Paris (Frédéric Rossif)

---

* Na U.R.S.S. cerca de 70 filmes foram consagrados a Lenine. Seu inventário se encontra em:
La vie de Lénine à l'écran, sob a direção de L. e J. Schnitzer, Paris. Editeurs Français Réunis, 1967. 160 p.

153

L'Année 1917, Pathé 1967 (F. Caillaux, R. Cadet e M. Ferro)

Lénine par Lénine, Pathé 1970 (M. Ferro, P. Samson)

2. **Filmes de ficção**

La trilogie de S. M. Eisenstein sobre 1905-1917:

La Grève (1924), *Cuirassé Potemkine* (1925), *Octobre* (1927)

La Fin de St-Petersbourg, Pudovkine (1926)

Lénine en Octobre, Mikael Romm (1937)

La Dernière Nuit, Y. Raizman (1937).

Glossário

Barines: senhores de terras.

Cadet: do russo C. D. (Constitucional-democrata).

Duma: assembléia, parlamento.

Kulak: camponês remediado.

Mir: Organização aldeã que reunia os camponeses.

Okhrana: polícia política.

Prikaz: lei, ordenação.

Pomescik: grande proprietário de terras.

Rada: Assembléia Nacional da Ucrânia.

Soviet: organização política de massas.

Volost: distrito rural.

Zemstvo: assembléia local.

HISTÓRIA NA PERSPECTIVA

Nova História e Novo Mundo
Frédéric Mauro (D013)
História e Ideologia
Francisco Iglésias (D028)
A Religião e o Surgimento do
Capitalismo
R. H. Tawney (D038)
1822: Dimensões
Carlos Guilherme Mota (D067)
Economia Colonial
J. R. Amaral Lapa (D080)
Do Brasil à América
Frédéric Mauro (D108)
História, Corpo do Tempo
José Honório Rodrigues (D121)
Magistrados e Feiticeiros na França
do Século XVII
Robert Mandrou (D126)
Escritos sobre a História
Fernand Braudel (D131)
Escravidão, Reforma e Imperialismo
Richard Graham (D146)
Testando o Leviathan
Antonia Fernanda Pacca de
Almeida Wright (D157)

Nzinga
Roy Glasgow (D178)
A Industrialização do Algodão em São
Paulo
Maria Regina C. Mello (D180)
Hierarquia e Riqueza na Sociedade
Burguesa
Adeline Daumard (D182)
O Socialismo Religioso dos Essênios
W. J. Tyloch (D194)
Vida e História
José Honório Rodrigues (D197)
Walter Benjamin: A História de uma
Amizade
Gershom Scholem (D220)
De Berlim a Jerusalém
Gershom Scholem (D242)
O Estado Persa
David Asheri (D304)
Falando de Idade Média
Paul Zumthor (D317)
Nordeste 1817
Carlos Guilherme Mota (E008)
Cristãos Novos na Bahia
Anita Novinsky (E009)

Vida e Valores do Povo Judeu
  Unesco (E013)
História e Historiografia do Povo Judeu
  Salo W. Baron (E023)
O Mito Ariano
  Léon Poliakov (E034)
O Regionalismo Gaúcho
  Joseph L. Love (E037)
Burocracia e Sociedade no Brasil Colonial
  Stuart B. Schwartz (E050)
De Cristo aos Judeus da Corte
  Léon Poliakov (E063)
De Maomé aos Marranos
  Léon Poliakov (E064)
De Voltaire a Wagner
  Léon Poliakov (E065)
A Europa Suicida
  Léon Poliakov (E066)
Jesus e Israel
  Jules Isaac (E087)
A Causalidade Diabólica I
  Léon Poliakov (E124)
A Causalidade Diabólica II
  Léon Poliakov (E125)
A República de Hemingway
  Giselle Beiguelman (E137)
Sabatai Tzvi: O Messias Místico I, II, III
  Gershom Scholem (E141)
Os Espirituais Franciscanos
  Nachman Falbel (E146)
Mito e Tragédia na Grécia Antiga
  Jean-Pierre Vernant e Pierre Vidal-Naquet (E163)
A Cultura Grega e a Origem do Pensamento Europeu
  Bruno Snell (E168)
O Anti-Semitismo na Era Vargas
  Maria Luiza Tucci Carneiro (E171)
Jesus
  David Flussser (E176)
Em Guarda Contra o "Perigo Vermelho"
  Rodrigo Sá Motta (E180)

O Preconceito Racial em Portugal e Brasil Colônia
  Maria Luiza Tucci Carneiro (E197)
A Síntese Histórica e a Escola dos Anais
  Aaron Guriêvitch (E201)
Nazi-tatuagens: Inscrições ou Injúrias no Corpo Humano?
  Célia Maria Antonacci Ramos (E221)
1789-1799: A Revolução Francesa
  Carlos Guilherme Mota (E244)
História e Literatura
  Francisco Iglésias (E269)
A Descoberta da Europa pelo Islã
  Bernard Lewis (E274)
Tempos de Casa-Grande
  Silvia Cortez Silva (E276)
O Mosteiro de Shaolin
  Meir Shahar (E284)
Mistificações Literárias: "Os Protocolos dos Sábios de Sião"
  Anatol Rosenfeld (EL003)
O Pequeno Exército Paulista
  Dalmo de Abreu Dallari (EL011)
Galut
  Itzhack Baer (EL015)
Diário do Gueto
  Janusz Korczak (EL044)
Xadrez na Idade Média
  Luiz Jean Lauand (EL047)
O Mercantilismo
  Pierre Deyon (K001)
Florença na Época dos Médici
  Alberto Tenenti (K002)
O Anti-Semitismo Alemão
  Pierre Sorlin (K003)
Os Mecanismos da Conquista Colonial
  Ruggiero Romano (K004)
A Revolução Russa de 1917
  Marc Ferro (K005)
A Partilha da África Negra
  Henri Brunschwig (K006)
As Origens do Fascismo
  Robert Paris (K007)

A Revolução Francesa
Alice Gérard (K008)
Heresias Medievais
Nachman Falbel (K009)
Armamentos Nucleares e Guerra Fria
Claude Delmas (K010)
A Descoberta da América
Marianne Mahn-Lot (K011)
As Revoluções do México
Américo Nunes (K012)
O Comércio Ultramarino Espanhol no Prata
Emanuel Soares da Veiga Garcia (K013)
Rosa Luxemburgo e a Espontaneidade Revolucionária
Daniel Guérin (K014)
Teatro e Sociedade: Shakespeare
Guy Boquet (K015)
O Trotskismo
Jean-Jacques Marie (K016)
A Revolução Espanhola 1931-1939
Pierre Broué (K017)
Weimar
Claude Klein (K018)
O Pingo de Azeite: A Instauração da Ditadura
Paula Beiguelman (K019)

As Invasões Normandas: Uma Catástrofe?
Albert D'Haenens (K020)
O Veneno da Serpente
Maria Luiza Tucci Carneiro (K021)
O Brasil Filosófico
Ricardo Timm de Souza (K022)
Schoá: Sepultos nas Nuvens
Gérard Rabinovitch (K023)
Dom Sebastião no Brasil
Marcio Honorio de Godoy (K025)
História dos Judeus em Portugal
Meyer Kayserling (PERS)
Manasche: Sua Vida e Seu Tempo
Nachman Falbel (LSC)
Em Nome da Fé: Estudos In Memoriam de Elias Lipiner
Nachman Falbel, Avraham Milgram
e Alberto Dines (orgs.) (LSC)
Inquisição: Prisioneiros do Brasil
Anita Waingort Novinsky (LSC)
Cidadão do Mundo: O Brasil diante do Holocausto e dos Judeus Refugiados do Nazifascismo
Maria Luiza Tucci Carneiro (LSC)

Este livro foi impresso na cidade de Cotia,
nas oficinas da Meta Brasil,
para a Editora Perspectiva.